思考の持久力

齋藤 孝
Takashi Saito

扶桑社

はじめに――そのひと言が命とりに

政治家やコメンテーターの失言の原因は？

「女性がたくさん入っている理事会は時間がかかる――」

２０２１年２月、日本オリンピック委員会（ＪＯＣ）の臨時評議員会で、女性理事を増やす目標に関する議論をしている時に、東京オリンピック・パラリンピック大会組織委員会の当時の会長はこのように発言しました。これが国内外で「女性差別だ」との批判を呼び、結局、その会長は辞任することになりました。

開催直前に大会運営のトップが交代するという異例の事態に見舞われた東京オリンピックでしたが、何とか開催にこぎつけ、日本は史上最多27個の金メダルを獲得しました。

その金メダリストの勇姿を報じた朝のある情報番組ではこんなことがありました。ボクシング女子フェザー級で日本人選手が金メダルを獲得したことについて、あるコメンテーターが、

「女性でも殴り合いが好きな人がいるんだね」
「嫁入り前のお嬢ちゃんが顔を殴り合ってね。こんな競技好きな人がいるんだ」

などと発言したのです。この発言も、「女性差別だ」「競技への侮蔑だ」と大きな批判を浴びました。

このように政治家や芸能人、スポーツ選手や文化人など、著名人による**「不用意な失言」**がしばしば話題になります。

発言者の多くは騒動後の謝罪時に、

「つい、うっかり言ってしまいました」
「誤解を招く表現をしてしまいました」

などと釈明します。

先のコメンテーターも、視聴者の批判や日本ボクシング連盟からの抗議を受け、番組内で、

「今回は、言い方を間違えて、反省しています。以後気をつけます」

と謝罪しました。

しかし、本当にそれが失言の理由でしょうか。私はそれらは失言というより**思わず本音が出てしまった**のだと思います。

私もいくつかのテレビ番組でコメンテーターを務めていますが、いざ自分が出演し、実際にカメラの前に立ってみると、端的に気の利いたことを言うのは存外難しい。

ある出来事について、

「あなたの意見はどうですか?」

と発言を求められた時に、失言を恐れて、

「何もないです」

「どっちでもいいでしょう」

というわけにはいきません。

かといって、何の考えもなく不用意にコメントしてしまうと、そのひと言が失言になりかねません。

でも、なぜ失言になるようなとっさのひと言が出てしまうのかというと、思わず本音が出たということが多いわけです。では、その本音がなぜ出てきたかというと、**常識のアップデート**ができていないからです。自分が常識だと思っている感覚のアップデートができていない。

冒頭の２つの失言の例で言えば、今の時代は、男女を区別した発言をするだけで問題になることがある、というのが新しい常識となりつつあります。しかし、この人たちの中では、常識がアップデートされていなかったようです。

そしてなぜアップデートできていないかというと、**思考が停止している**からなのです。思考を停止させてしまうと、感覚もその時で止まってしまうのです。

黒船が来て15年で日本社会は一変した

私たちは物事のとらえ方があっという間に古くなる時代に生きています。

少し歴史を振り返ってみましょう。江戸時代末期、１８５３年にアメリカ合衆国から黒船が来航し、日本に開国を迫った時、それを知った一般の人々はどう思ったでしょうか。「少し面倒なことが起こったな」ぐらいで、ほとんどの人はこれまでと変わらない日常が続くと思ったことでしょう。「遠い外国から来た人や国全体のことなんて自分の生きる世界とはまったく関係ない」「日々の生活だけで精一杯で、そんなこと考えたくもない」と思うのは当然のことです。

ところが実際は、ここからわずか15年で江戸幕府は消えてなくなってしまったのです。そして１８６８年から明治時代が始まり、人々の生活する環境もがらりと変わってしまいました。

現代は、この時よりもさらに激動の時代と言えます。ある海外の調査では、20年後までに人類の仕事の約50%が人工知能ないしは機械によってとって代わり、消滅するとの予測が出ました。

私はこれを大げさとは思いません。黒船来航後、たった15年で江戸時代が終わってしまった歴史を振り返れば、むしろ控えめな数値だとすら思います。

「昭和の常識」は「令和の非常識」

私は昭和35（1960）年生まれですが、**「昭和の常識」は「令和の非常識」**という表現が冗談ではないことを日々実感しています。

たとえば、LGBTの問題が分かりやすいですね。法務省ウェブサイトにも詳しく説明がありますが、LGBTとは性的指向である「Lesbian（レズビアン、女性同性愛者）」、「Gay（ゲイ、男性同性愛者）」、「Bisexual（バイセクシャル、両性愛者）」と性自認の「Transgender（トランスジェンダー、身体の性と心の性の不一致）」の頭文字をとって組み合わせた言葉で、性的少数者（セクシャルマイノリティ）を表す言葉の1つとして使われています。

かつてLGBTの人たちは、いわゆる〝普通とは違う人〟という見方がされていました。しかし現代では、そのように見てしまう人の方が、偏見を持っている〝普通とは違う人〟になりつつあります。こうした性の問題は生物学的・本能的なものであり絶対的なものと思われてきましたが、それも時代によって変化するということがはっきりしたわけです。

現代はもはや、「LGBTのことは面倒くさそうでよく分からない」「LGBTは自分には関係ない」ということは通用しません。それは、たとえるならアップデートされていないパソコンのようなものです。更新プログラムをインストールすることを怠っているパソコンは、新たなネット環境に対応できなかったり、ウイルスの被害を受けたりしてしまいます。それと同じで、常識をアップデートしていないと思わぬ差別や人権侵害をしてしまいかねません。

そうした変わり続ける常識に対応していくためには、時代に合わせて自分の中の常識をアップデートしていく必要があるのです。

「思考の持久力」をつける

常識をアップデートし続けるうえで最も重要なことは、「考えることを止めない」ことです。そのために求められるのが**「思考の持久力」**です。

これはジョギングにたとえると分かりやすいと思います。

ジョギングをする理由は「健康のため」「ダイエットのため」など人それぞれだと思い

ますが、持久力のない最初のうちは、近所をぐるっと一周するだけでもなかなかしんどいものです。そこをグッと踏ん張って1週間、1か月と続けていくことによって、持久力がついてきたらシメたものです。そうなると今度は走らないことが苦痛になり、走らずにはいられなくなります。

ジョギングは速く走る必要はありません。大事なのは、途中で立ち止まらないこと、そして、続ける、つまり習慣化させることです。それによって体力的な持久力がついてきて、さらに長い距離を走れるようになるわけです。

また、ジョギングで大事なのは、正しいフォームで走ることです。正しいフォームといっても難しくはありません。力まずにリラックスして走るということが基本になります。その方が長く楽に走り続けることができます。

「思考の持久力」も同じです。考えなかったり、考えることを途中で止めたりせず、正しい「思考のフォーム」（思考にもフォームがあります）を身につけ、さまざまな物事について力まずにリラックスして「考えるクセ」をつけることによって、「思考の持久力」がついてきます。そうすれば考えることがどんどん楽しくなり、思考も深まっていきます。私は『思考中毒になる！』（幻冬舎新書）という本も出していますが、まさにシンキング・

「思考の持久力」をつけるサイクル

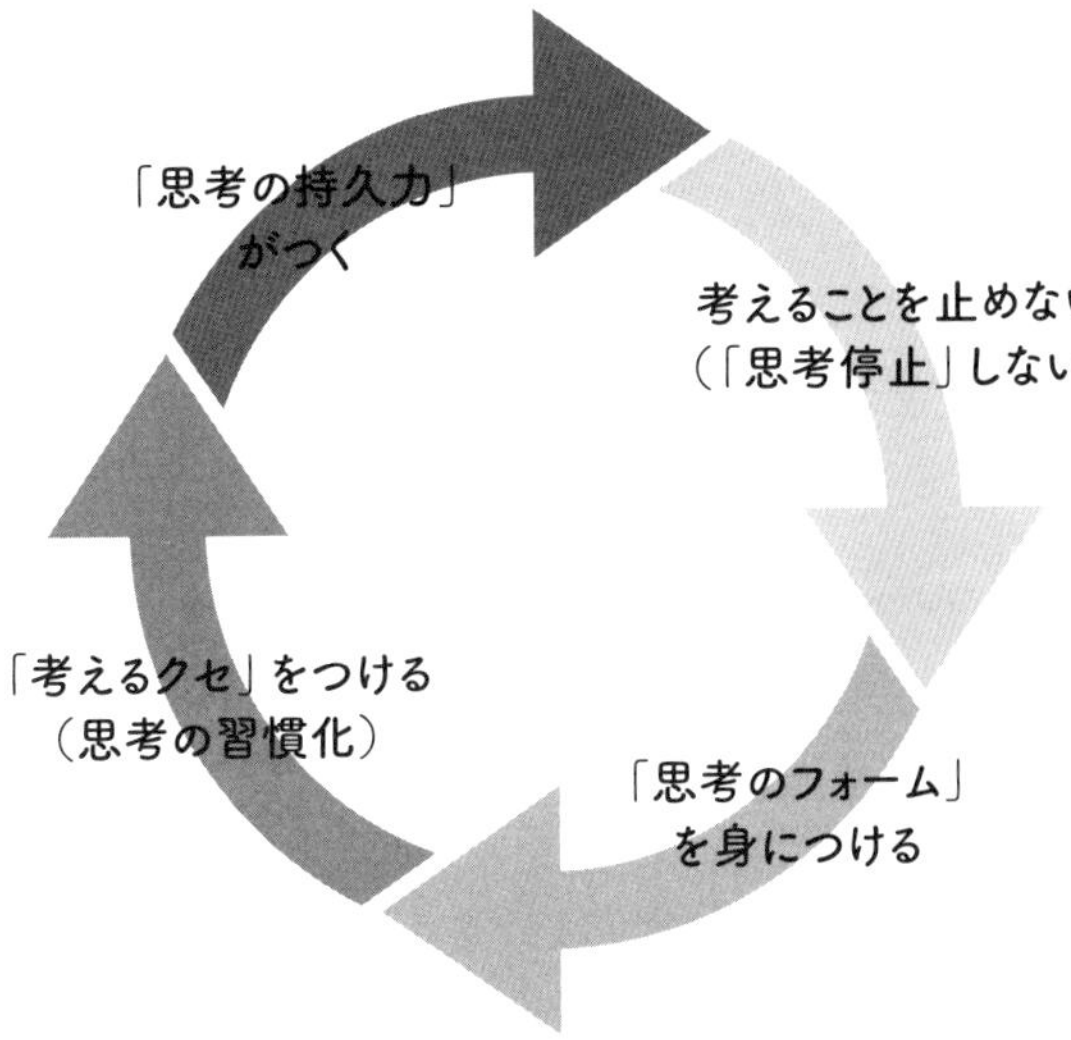

ジョギングでたとえると……

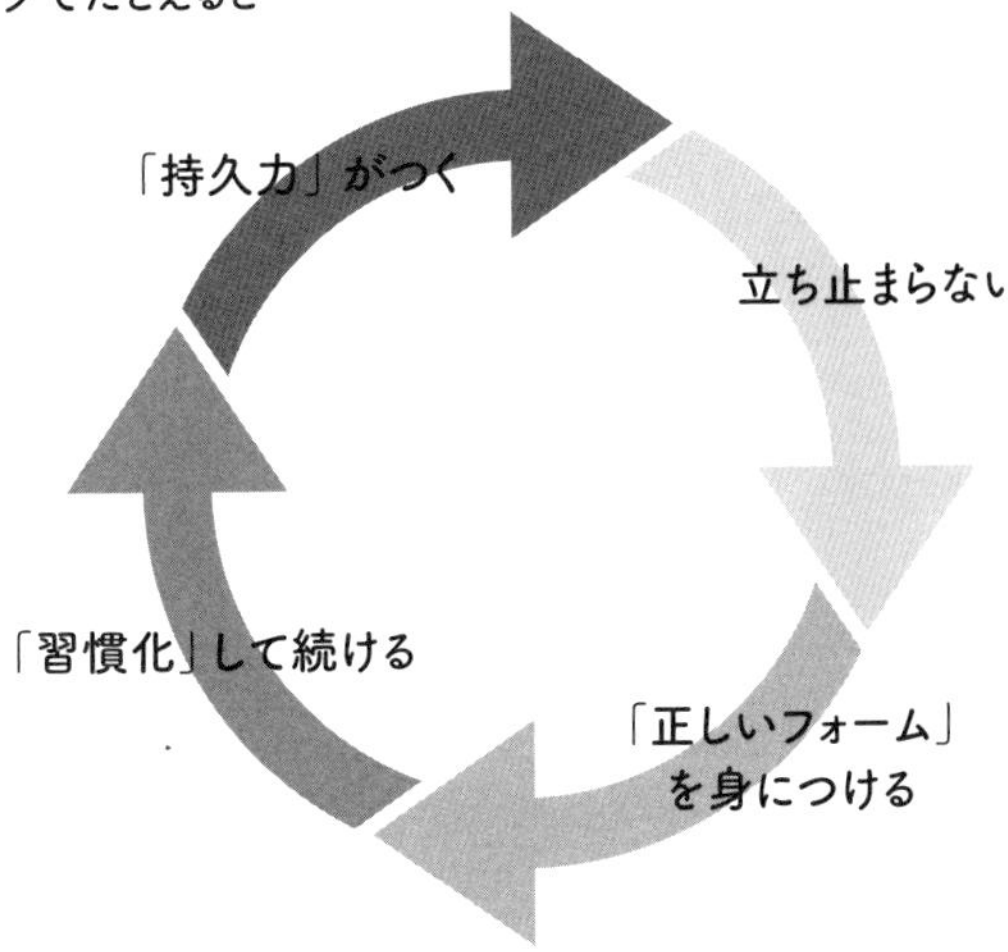

ハイの状態になるのです。

そこで本書では、**「思考の持久力」**のつけ方をお伝えします。

まず**第1部**では**理論編**ということで、私たちが知らず知らずのうちにおちいってしまう**「思考停止」**という状態にならないコツをお伝えします。

次に、正しい**「思考のフォーム」**をお教えします。世の中には、ロジカルシンキング（論理的思考）、クリティカルシンキング（批判的思考）など、さまざまな思考法がありますが、本書でお伝えする思考法は、みなさんがすでに小学校で習った方法です。

◎「あなたはどう思いますか？」と自分に問いかける。
◎相手の立場に立って考える。

たったこれだけです。

「こんな当たり前のこと、思考法じゃない」とあなどってはいけません。何事も基本が大事です。これらの方法は、一流のスポーツ選手も棋士も、哲学者も使っている**「思考の極意」**なのですから。この方法はシンプルですので誰でもどんな問題にも使えますし、思考力は劇的に深まります。

第2部では**実践編**ということで、「思考のフォーム」を使って物事をどのように考え続けることができるのか、私の頭の中をお見せしましょう。**自由、普遍的価値、多様性、寛容、マイノリティ、民主主義**という現代社会を生きる私たちにとって考え続けなければならない6つのテーマについて、私と一緒に考えてみましょう。

本書をお読みいただき、日々の生活で実践していただくことによって、**「考えるクセ」**がつき、**「思考が習慣化」**して、少しずつ**「思考の持久力」**がついてくればシメたものです。いろいろな問題を自分なりに考えることが楽しくなり、むしろ**難問こそウェルカム**になってくるでしょう。

◉目次

3 「思考のフォーム」を身につける

第2部 実践編

「思考の持久力」トレーニング

第1部　理論編

立ち止まらずに考え続ける

1 「常識」をアップデートし続ける

何がハラスメントに当たるのかを知っておく

世界に目を向けてみると、いわゆる西洋文明礼賛の時代は終わりました。アメリカ一強の時代から、中国が台頭して、米中対立は世界の安全保障や経済活動に影響を及ぼしています。中東などでは地域紛争が治まらず、香港やミャンマーなどでは自由と民主主義が脅かされる事態も起こっています。人種差別やLGBTへの差別、さまざまなハラスメント、宗教をめぐる対立など、人権に関する課題は依然としてなくなりません。

こうした世界の動きの中で、どんどん**「新常識」**が生まれてきます。現代に生きる私たちは、その都度、自分の中の**「旧常識」**を上書きしていかなければなりません。

テレビ局の人と、「5年前だったらコメンテーターのこういう発言は許されたけど、今はもう許されないですよね」という話をよくしますが、世間の目というものは半年くらいで変わると言います。現代では、それくらいの社会的な感覚を持っていないと、世の中の流れから取り残されてしまいます。「令和の時代に、まだ昭和か」と言われている、いわゆる「おじさん感覚」です。

「昭和は良かった」という話はおじさんたちにとって、たしかに面白い。私も好きです。ですが、それはもう気分だけなのです。実際には、社会は常識がどんどんアップデートされています。

昭和や平成初期のドラマや映画を放送する場合、「不適切な表現があります」とただし書きがついていることがあります。それは常識が変わったということの証明です。

物理学者のアインシュタインは、**「常識とは、18歳までに身につけた偏見のコレクションのことを言う」**と言っています。なかなか辛辣な表現ではありますが、真理を突いています。

現代は、特に公の場では言ってはいけないことがとても増えました。しかし、それを「面倒くさい風潮だ」と思う人は、ある時うっかり失言してしまったり、ハラスメントをしてしまったりするかもしれません。

昨今、**パワハラ**（パワーハラスメント＝自らの権力や立場を利用した嫌がらせ）、セクハラ（セクシャルハラスメント＝性的嫌がらせ）に関する問題もよく報道されています。

このような問題は、昔では当たり前のこととされ、誰も問題にせず、被害者は泣き寝入りするしかありませんでした。ですが、社会は進化しています。１９８０年代にセクハラ、２０００年代にパワハラという概念がつくられ、問題視されるようになったのです。

もう昔と違います。企業は**コンプライアンス（法令遵守）**への適正な対応が求められ、セクハラ、パワハラに関しても社会規範に反することなく、公正・公平に業務を進めていかなければなりません。

その一方で、別の「小さな声」も聞こえてきます。それは、「どんな指示を出すのもパワハラのように思えてくる」という上司の嘆きです。会社では上司として、部下に仕事の指示をしなければいけない。時には注意、叱責することもある。ですが、「パワハラだ」と言われることを恐れ、何も言えなくなってしまう。

セクハラも同様です。当人が普通に会話をしていたつもりでも、もし相手が、「セクハラだと感じました」と言ったらセクハラになってしまうことがある。Ａの女性社員とはごく普通の会話として成立していても、Ｂの女性社員にとってはセクハラだと思われるかもしれない。

そうならないために、まず私たちはルールをきちんと知っておかなければなりません。厚生労働省のウェブサイトではハラスメントについて詳しく説明されているので、目を通しておくとよいでしょう。

私も以前はよく学生の飲み会に誘われて参加していましたが、最近は機会がだんだん減っているような気がします。もちろん忙しかったりいろいろな理由があるのですが、ハラスメントのリスクがあるというのも一因です。よく知っている者同士でも危険性があるのに、よく知らない人たちが集まる飲み会はそれ以上に危険です。

授業中はもちろん、大学ではハラスメントを疑われる可能性のある言動は絶対にしません。けれども飲み会というのは和気あいあいとしていて、場の空気を和ませるためにお互い軽口をたたき合ったりするものです。

「で、どうなの？　みんな彼氏とか彼女とかいるの？」

くらいの会話は問題ないようにも思えます。しかし、聞かれた学生に、

「絶対に触れられたくないところに触れられた」

「傷ついてトラウマになり、先生の授業には出られなくなった」

などと言われたら終わりです。だから、危なくてもう恋愛の話はできません。

そうなると、そもそも「飲みに行く」ということを何のためにするのか、分からなくなってくる。普通に真面目な話をするだけなら、別に酒を飲む必要もない。「何のために一緒に酒を飲むのか」といったまるで哲学のような問いを、あらためて考えねばならない時代になったのです。

近年はとりわけ、女性に対する差別発言は許されない時代になっています。「男女を区別する」ということ自体がすでに差別と指摘されることもあります。「女性が多い」「女性ならば」「男性ならば」といった言い方自体が問題になることもあります。

テレビ番組にコメンテーターとして出演した時などは、

「では、〝おてんば〟という表現は問題ないですか?」

「じゃあ、〝女だてらに〟はどうでしょう?」

などとテレビの世界でも日々悩み、微妙な判断を下しています。

みなさんもテレビのニュースなどを見ている時に、「自分がコメンテーターだったら何と言うべきだろう」と考えながらコメントしてみてください。くり返していくと、自分の発言に対する感覚が鋭くなってきます。

結局、価値観がどんどん上書きされていく激動の現代においては、時代の流れに合わせて自分の常識もアップデートさせていくことが必要なのです。


「私が子どもの時はこうだった」

「若い時はこうしていた」

というセリフは、同世代との思い出話の時にだけ使った方が無難でしょう。

私は教育が専門で、中学校・高等学校の教員を育てる立場にあります。彼らは将来、中学生・高校生を育てる人たちです。

だから、「今の時代はこれを言ってはアウトだよ。これを教壇で言っちゃやいけないよ」ということも指導しています。そのために私も日々、常識のアップデートに努めています。

アンテナを広げてさまざまな情報に触れる

常識は、ただ時代の空気を吸っているだけで自動更新されるものではありません。常識をアップデートさせるには、やはり情報のアンテナを張ってたくさんの情報に触れる必要があります。

私は大学の授業で、入学したての大学生に、新聞の切り抜きを2週間してもらいます。新聞を毎日読んで、自分が興味・関心を持った記事を切り抜いてノートの左側に貼り、右側にはその記事についての自分の意見を書いたり、ニュースを整理した図を描いたりしてもらいます。

そして、2週間後に他の学生の前で発表してもらうのですが、そうするとみんな生き生きと発表してくれます。

学生たちに感想を聞くと、

「これまで気にも留めていなかったことが耳に入るようになって、物事のつながりが分かるようになりました」

などと答えます。「世の中にはこういう人権侵害があるんだな」とか、「あ、こんなに苦しんでいるんだな、少数民族が」とか、今まで興味・関心を払っていなかった問題に目が向くようになるのです。

新聞をとっていない人や、切り抜きをする余裕のない人には、ネットのニュースを見る時にコメント欄にも目を通すことをすすめます。

私はコメント欄を1日に300～400件は読みます。コメント欄には極論やひどい誹謗中傷もありますが、中には妥当な意見もあります。あるニュースについて人々はどのように感じたのか、多様な意見に触れることができるので参考になります。

日ごろから「知性の土俵」をつくっておく

常識をアップデートしていくうえで、最新の知識や情報を収集するだけではなく、**教養**という素地をつくることも重要です。

教養とはいわば**「知性の土俵」**です。古代ギリシャの哲学者ソクラテスは、自分の考えが狭かった、間違えていたと気づいて、「ええっ、本当にこんなことあるんだ」と驚くところこそが、知の探究の始まりだと言っています。

そうした今までの自分の考えがちょっと変わるような気づきには、他者の存在が必要です。たとえば自分の意見をいつも補強してくれるような人の本ばかり読むと、自分と異なる立場の人の意見に触れる機会がありません。私は書店へ行って、新書売り場などであえて自分とはまったく違う意見の著者の本を買って読んでみたりすることがあります。しかし、読んでみると、「へー、こんな考え方もあるんだ。なるほど」などと思うことも多いのです。

教養としての世界史

ある物事を長期の時間軸で見てみるというのも有効です。これだけで物事の見方がガラッと変わることがあります。

近年、世界情勢が不安定になっています。日本も高度経済成長期の右肩上がりの時代を経て、バブル経済が崩壊した後は、未来に希望を見出《みいだ》しにくい世の中になりました。そうすると、どうしても人は悪い方へ目が向き、「今の日本は最悪だ」とか「世界はどんどん悪くなっている」と現状に一喜一憂しがちになります。

しかし、ちょっと待ってください。「今が最悪」ということは、以前はよかったということでしょうか？　人は得てして過去を美化しがちです。

そういう時は、トイレについて考えてみましょう。くみ取り式の和式の便所に戻りたいという人はまずいないと思います。今の世界一きれいでウォシュレットつきで、冬は便座が温かくなる、足のしびれない洋式トイレの方がいいに決まっています。

ある時、学生に言われました。

「和式のトイレがまだ校舎の中に残っていますが、洋式の方が埋まっても、和式を使う人はいません。あれが洋式になれば、みんな待たずに使えるのに」

だから私は大学に、

「もう平成も終わります。和式というのは昭和のものです。ぜひ和式トイレを洋式に変えてください」

とお願いしました。まして、今はインターナショナルな時代です。欧米の留学生にとって和式便所は使いづらいでしょう。

もちろん、和式には和式の良さもあります。「洋式より和式の方が便が出やすいんだ」という人もいるでしょう。「和式だと毎日足腰が鍛えられる」という人もいるでしょう。たしかに、和式の方が足腰が鍛えられるのは本当です。昔の日本人は足腰が強靭《きょうじん》でした。

けれども、もうトイレで足腰を鍛える時代ではありません。

また、「パワハラとか、セクハラとか、ちょっとうるさ過ぎるよね」と思いながらも、パワハラ、セクハラという言葉もなく、そういう現象が当たり前のように横行していた昭和と比べたら、多くの人が、「今の方がいい」と思っているのではないでしょうか。

昭和の頃は、パワハラどころか、ぶん殴って人格否定するほど叱責する親父のような学校の先生や運動部の顧問さえいました。「耐えて頑張ってたんだな」「今思えば、いい味出してたな」と思うかもしれないですが、じゃあ、今実際にいたらどうかと考えてみてください。まっぴらゴメンでしょう。当時は当たり前だったかもしれませんが、今考えると、やっぱりあれはおかしかったと思うはずです。

現在を悲観する人にぜひおすすめしたいのが、世界史を勉強することです。

たとえば人権意識について、私たちは往々にして現在の問題点にばかり目が行きがちですが、これが歴史的にどのように高まってきたのか考えてみましょう。

人権という考え方が強く意識されるようになったのは、国王や一部の貴族により専制的な政治（絶対王政）が行われていた17〜18世紀前後のヨーロッパにおいてです。人々はこの強圧的な政治に対して「市民革命」を起こし、近代的な国民国家をつくり上げました。

イギリスでは名誉革命によって「権利の章典」（１６８９年）が制定され、国王の絶対的な権力を制限するとともに伝統的な権利が確認されました。

アメリカの独立宣言（1776年）やフランスの人権宣言（1789年）は、「人は生まれつき自由・平等の権利を持つ」と宣言しました。このような考え方は、その後広く世界に行きわたり、各国の歴史や文化、国民性に彩られながら発展を続けてきました。

日本でも大日本帝国憲法（1889年）を制定する際、古くから大御宝《おおみたから》と称された民を大切にする伝統と、新しく西洋からもたらされた権利思想を調和させ、憲法に取り入れる努力がなされました。

そして現在の日本国憲法では97条で基本的人権を、「侵すことのできない永久の権利として信託されたもの」として、多くの権利と自由を国民に保障しています。

このように100年前、200年前と比べると明らかに日本も世界も人権意識が高まっていることが分かります。

国際連合では、2015年9月のサミットでSDGs（Sustainable Development Goals＝持続可能な開発目標）が採択されました。「誰一人取り残さない」持続可能で多様性と包摂性のある社会の実現のために、2030年までの達成を目指して、貧困やジェンダー平等、エネルギー、気候変動、平和など17の目標が掲げられ、各国で取り組みが進められています。

ＳＤＧｓという言葉自体、10年前には存在していなかった言葉ですが、現在は一般の企業にも社会貢献の責務があるという考え方がだんだん浸透してきており、それを課題としている企業を応援しようという動きが出てきています。

だから、世の中について「十年一日のごとく何も変わらない」「悪化している」というのはバイアスのかかった見方です。ＬＧＢＴや地球環境問題についても、とにかく状況が悪化しないように踏みとどまって、何とか良くしようという動きがあることを前向きに評価してみてはいかがでしょうか。絶望ではなく希望を持って考える方が精神衛生上、健全でしょうし、建設的なアイデアも浮かびやすいでしょう。

2 常識のアップデートを妨げる「思考停止」

「考えているつもり」だけになっていないか

「考える」ということは、思うほど簡単なことではありません。

「いや、私は日々の生活の中で、朝から晩まで常に考えています」

と言いたい人もいるでしょう。

しかし、あなたは本当に考えていますか？

脳トレーニングで有名な東北大学加齢医学研究所の川島隆太先生によると、ある実験で考える作業をしている人の脳を調べてみると、脳の前頭前野の血流が実はそれほど活発ではないことが判明したといいます。つまり、本人は考えているつもりでも、実際は考えていないということがよくあるということです。

私たちは日々の多くのことを、習慣や慣れ、つまり「惰性」で行っています。アメリカの社会心理学者のサム・サマーズ教授は、私たちが自分で考え、判断することをいかに避けているか指摘しています。

人間は決まった習慣や周りの状況に流されていた方が楽だということを知っています。「ルール」や「規範」というものは私たちをしばるものとしてしばしば批判の対象になります。しかし、実は自分で考えるよりも、それらに従っていた方が簡単に物事は進みます。そうして、「自ら考えて行動しなくてもいいモード」に人はおちいる傾向があることをサマーズは明らかにしています。

「考えること」には、大小何らかのストレスがともなうため、人はできるだけ考えなくてよい方に身をゆだねてしまうのです。

「思考停止」を生む「無関心」と「決めつけ」

このように人は、無意識のうちに思考することによるストレスを避けようとします。こうした考えているようで実は考えていないことを**「思考停止」**の状態と言います。

この「思考停止」というのは意外と厄介です。それは、思考停止している人は自分が思考停止していることに気がつかないからです。

たとえば、あなたがニュースサイトを見て、一番上に出ているニュースの見出しが目についたとします。「少子高齢化が加速」「アメリカ軍、アフガニスタンから撤退」といった見出しを見た瞬間、あなたはどう感じるでしょうか。次のように思ったり、言ったりしてはいないでしょうか。

A「自分とは関係ない」
B「当たり前だ」

Aは、「興味ないな」「難しそうだし、よく分からない」「どうでもいいよ」でも同じです。つまり、直感で自分には関係ないものとすることで、**「考える必要はない」**というカテゴリーに入れるというものです。

Bは、「そんなの常識でしょ」「そんなこと知ってるよ」「調べなくても答えははっきりしているよ」でも同じです。つまり、直感で1つの正解が浮かぶことで、**「これ以上考える必要はない」**カテゴリーに入れるというものです。

このA、Bを端的に言うと次のようになります。

A' 無関心

B' 決めつけ

「無関心」と「決めつけ」は、一見、問題へのアプローチは正反対なようですが、**これ以上考えない**という点ではまったく同じです。

そこで、ある出来事について、

「関心ないよ」

「どっちでもいいよ」

「答えははっきりしているよ」

「調べなくても分かるよ」

というセリフが出たら、**「思考停止に注意！」マークを頭の中でつける**ようにしましょう。

「絶対」には要注意！

特に**「絶対○○に決まっている」**というセリフには要注意です。「絶対」は最も危険な**「思考停止ワード」**です。

よくあるのが、**「独りよがりな正義感」**にもとづく**「絶対」の押しつけ**です。

自分に正義があると思っている人間ほど危ない人間はいません。だから、「自分は正しい」と思う正義感のある者同士というのが一番危険です。なぜなら、自分の方に正義があると思った瞬間に、もう思考停止し、相手の立場に立って考えることや対話の必要を感じなくなっているからです。

しかも、正義感を抱いている時、人はいともたやすく攻撃性のリミッターを外してしまうのです。

歴史上のほとんどの残虐な行為の裏には正義感がありました。たとえば大航海時代のヨーロッパの侵略者たちは、現地の民族に「高度な文明を与えてやる」「キリスト教により教化してあげる」という正義感を持っていました。国家レベルでそのように自分の正義を押しつけていったのが、植民地主義なのです。

16世紀前半に、ラス・カサスというスペイン出身のカトリック司祭が『インディアスの破壊についての簡潔な報告』（岩波文庫）を著しました。当時は、キリスト教と植民地主義が連動して、宣教師が植民地支配の先兵隊となって、現地人の心をまず奪い、そのうえで残虐な行為が行われ、その土地の労働力や資源など根こそぎ収奪していったのです。

それを見た宣教師のラス・カサスは堪えられなくなって、その惨状を報告したのが、この『簡潔な報告』です。これは見事な報告です。自国の不利益になるかもしれないけれども、こんなことは良くないと思った、本当のキリスト教の信徒の態度です。

一方、残虐な行為の手先となり、現地人の精神の収奪を行った宣教師たちは本当の博愛の精神から外れています。真の博愛精神があるならば、他の宗教を信奉する人も同等に尊重すべきです。

イスラム教とキリスト教は、本来はどちらもユダヤ教から派生した姉妹宗教で、ユダヤ教とキリスト教の神ヤハウェとイスラム教の神アッラーは同じ神様のことです。それにもかかわらず、イスラム教とキリスト教の間には、今でも争いが絶えません。それは果たして博愛の精神と言えるのでしょうか。

自分が信じる正義の押しつけ合いをして、他者を理解しようとしなければ、対話が成り立たなくなってしまいます。その行く末は、最後は**戦争**になります。戦争というのは対話拒否ということです。

そうなると、国民やマスメディアは、自分の側に正義があると信じて、戦意を高揚させるわけです。戦争というものは、元首や政府や軍だけが暴走して始まるものではありません。国民自身も熱くなってやってしまうことが多い。それが人類の戦争の歴史です。

日本でも、戦後の日本人の多くは先の大戦について、「国民は戦争を嫌がっていたけれど、政府や軍が暴走したから巻き込まれた」と思っています。けれども、戦争を経験した人の中には、必ずしもそうではなかったと言う人もたくさんいます。国民自身が、「これは許せない。もう戦争しかない」と変な盛り上がり方をした。意外に国民というのは熱くなってしまうものなんですね。

自分の方が「絶対に正しい」と思い込み、国と国の間なら「戦争しかない」、男女間なら「別れるしかない」、友だち同士なら「もう決別するしかない」と対話を拒否して、**「もう○○しかない」**という態度は危険です。

「我惟《おも》う、故に我在り」で有名なフランスの哲学者デカルトは、**「真理を探求する際には、疑えるだけ疑え」**と言いました。果たして100%自分に正義があると思っていいのだろうか、その根拠は何なのだろうか、自分もそういうことをしないと言い切れるのであろうか、そうだとしても相手にも事情があったのではないか……。

こうやって**「正義感チェック」**をしていくと、必ずどこかで自分の正義のほころびに気づきます。

この世界の中で「絶対」と言えることはほとんどありません。「絶対に許せない」と言っている時、その人は知性を放棄しているのに等しいのです。「絶対」と言った瞬間に、「はい、思考停止」と自分で認識することができるようになれば、一歩前進です。

人は「先入観」で判断する生き物

先ほど述べた「無関心」「決めつけ」には、実は共通の問題があります。

それは、**「バイアス（bias）」**です。

英語の「バイアス」の元の意味は「斜め」ですが、そこから転じて「偏り」を表します。

日本語では「先入観」や「偏見」という意味でも使われています。

「先入観」とは、前もって抱いている固定的な観念のことで、それによって自由な思考が妨げられる場合を指します。特にある集団や個人に対する非好意的な先入観を**「偏見」**と言います。本書では「バイアス」を主に「先入観」という意味で使います。

私たちが日ごろいかに「バイアス」のかかった物の見方をしているか、一例を示しましょう。

相手のことをよく知らないで、「何となくイヤだな」「好きじゃないな」と思ったことはないでしょうか。「食わず嫌い」ならぬ「話さず嫌い」というやつです。でも話してみたら案外悪い人じゃなかった、誤解していたということがよくあります。

私の高校の頃のクラスでも、ありました。仲間の1人が言ったんです。

「どうでもいいけどさ、となりのクラスのアイツ、気にくわないからぶん殴りてぇ！」

私は、「何かあったの？」と聞きました。すると彼はこう答えたのです。

「いや、何にもないけどね、とにかく気にくわない」

彼は相手のことを知らないのに、「ぶん殴りてぇ！」と言っていたのです。

「それはかわいそうだよ。アイツのことはオレたちよく知ってるけど、アイツは悪いヤツじゃないよ」

と私たちは彼をなだめました。高校時代の記憶ですから、今ではもう笑い話ですが、こういうことがまさに「話さず嫌い」の典型です。

「話さず嫌い」は私自身もあります。テレビなどに出ている人で、いつも人の悪口を言ったり、ひどいことを言っている、いわゆる毒舌キャラの人がいます。私も仕事柄、そういう毒舌な人とも話をしなければならない時があります。そういう時は、「今回はたいへんそうだな……」と思って現場に行くわけです。

しかし、いざ対面して挨拶《あいさつ》すると、意外と感じがいい。そして話してみると、とても話しやすい。理解力もある。

私の経験から言うと、テレビの毒舌キャラの人たちは、すごく気づかいのできるいい人が多い。2人きりでちゃんと話すと、とても常識ある人たちです。彼らの毒舌は、番組を面白くするためにやっているキャラクターなのです。つまりテレビ用の顔なわけです。

考えてみれば、常識がなかったら、そもそもテレビ局側が使うわけがありません。入れ替わりの激しいテレビ業界で長く生き残っている人というのは、好き勝手に毒舌を振るっているように見えながら、実際には人一倍気を遣って空気を読んでいる人たちなのです。

対談する前にその相手に持っていた違和感というのは、あくまでイメージ、先入観にすぎなかったというわけです。

「日本人にマスターズ優勝はムリ」を覆した松山英樹選手

2021年4月、松山英樹選手がゴルフ4大メジャー選手権大会の1つであるマスターズ・トーナメントで、日本人のゴルファーとして初めて優勝しました。

その試合を私はテレビでリアルタイムで観ていましたが、最終日などは非常に緊張するホールの連続で、最終の18番ホールですら観ていてハラハラする展開でした。

松山選手が優勝した瞬間、私はとても感動しました。その後、ふと、「自分には偏見があった」と思いました。私の思考には、「日本人ではマスターズはおそらく取れないだろう」というバイアスがかかっていたことに気づいたのです。

海外で苦労して戦っている松山選手を見ていて、どれだけいい成績を収めていても、メジャーで勝つというのは難しいんだなと思っていました。しかし、あらためて考えてみると、松山選手は海外でここ数年いい成績を残していたのですから、チャンスは十分にあったわけです。

それでも私の中での思い込みとしては、「日本人は最終日に崩れるからな」とか、「ショットの安定性が……」とか、「グリーン周りが……」とか、いろいろなことを理由として挙げて、「日本人の優勝は向こう20〜30年はまだ難しいのではないか」と勝手に結論づけてしまっていたのです。

ところが松山選手は、「日本人でもマスターズを取れないことはない」ということを見事に証明しました。私たちの偏見を吹っ飛ばしてくれたのです。松山選手が「日本人ではマスターズは優勝できない」という壁を突破したことによって、他の日本人選手や未来のプロゴルファーたちの先入観を打ち破り、「自分も勝てるかもしれない」と希望を与えたことでしょう。

5歳の子どもが人種差別？

スタンフォード大学心理学部のジェニファー・エバーハート教授は、特に人種問題に関するバイアスを研究していますが、自著で自身の体験として次のようなエピソードを紹介しています。

場面は、黒人女性であるエバーハート教授が、5歳の息子エヴェレットと飛行機に乗った時のことです。飛行機には黒人男性がもう1人だけ乗っていました。

その人を見て息子のエヴェレットは、

「ねえ、あの人パパにそっくりだよ」

と言いました。エバーハート教授に言わせると、その男性は黒人であるという以外は、父親にはまったく似ていなかったようです。

続けてエヴェレットは、次のように言ったのです。

「あの男の人、飛行機を襲わないといいね」と。

もしかしたら私の聞き間違いかもしれない。自分の耳を疑いたくなった私は「今なんて言ったの?」と彼に聞き直した。世界を理解しようとする聡明な少年から想像できる限りの無邪気で可愛らしい声で、息子は再び言ったのであった。「あの男の人、飛行機を襲わないといいね」

私は怒りを抑え、できる限り優しく尋ねた。「なんでそんなことを言うの? パパは飛行機を襲わないいって知っているでしょ」

「うん、知っているよ」と彼は言った。

「じゃあ、なんでそんなことを言ったの?」。今度は声を一オクターブ低く、鋭い声で尋ねた。

エヴェレットはとても悲しそうな顔で私の方を見上げ、悲しそうに言ったのだ。「なんでそんなことを言ったのか分からない。なんでそんなことを考えていたのかも分からない」

エヴェレットも黒人の子どもであり、さらに人種問題に取り組んでいる親がいるにもかかわらず、5歳にしてすでに黒人に対して「罪を犯しやすい」というバイアスを持ってしまっていたというエピソードです。

もちろんそんなことを親や教師が教えるわけがありません。5年間というほんの短い間に目に映ったドラマや映画、ニュースや身近な出来事などを通して、無意識にそのような偏見を培ってしまっていたのです。

このように世界にはバイアスを生み出す構造が存在しているというのが、エバーハート教授の主張です。これはもちろん人種だけに留まりません。私たちは性、年齢、職業、住んでいる地域、国籍など、あらゆる特徴にもとづいてバイアスを持つ可能性があるというのです。

そしてこのバイアスが、先述の「無関心」も「決めつけ」をも生み出します。つまり、しっかりと考えた結果としてそう感じるのではなく、どこかで無意識に身につけたバイアスによって、そう感じさせられているということです。

確証バイアスのわな

そしてこのバイアスの怖いところは、**いったん刷り込まれると簡単には変えられない**ということです。つまり、最初の印象や判断が間違っていたとしても、それを認めてあらためるのが難しくなるのです。

これについて、今回の新型コロナ禍を例に考えてみましょう。新型コロナウイルスについては、かなり初期の段階から、

「とても恐ろしいウイルスだからしっかりと感染対策をしなければならない」

と感じた人と、

「風邪とあまり変わらないウイルスなのに、政府もマスコミも騒ぎすぎである」

という2つの意見に大きく分かれていたと思います。

そのため前者は、

「政府の感染対策は不十分であり、ロックダウンを行わなければならない」

と主張し、後者は、

「政府やマスコミは過剰に対応、報道しすぎであり、このままでは経済が死んでしまう」と主張しました。

新型コロナ禍の発生からだいぶ時が経ちましたが、このコロナ禍への第一印象から意見が変わった人はどれくらいいるでしょうか。

もちろん、たいしたことがないと思っていた新型コロナウイルスに感染し、本当につらい思いをして、「コロナは恐ろしい」と思うようになった人や、自分の勤め先の経営状況が苦しくなり、いつまでも経済を停滞させていては路頭に迷う人が増えるから「恐れすぎてばかりもいられない」などと意見が変わった人もいるでしょう。

しかし多くの人は、最初の自分の考えを変えていないのではないでしょうか。どちらの意見についても、それを支持する意見や正当性を証明するような情報がメディア、インターネット上に膨大にあふれています。それにもかかわらず、自分とは反対の意見や情報は最初から受け入れないか、もしくは頭から否定し、自分と同じ意見やそれを補完するような情報ばかり意識的に受け入れていないでしょうか。

このように自分にとって都合のいい情報ばかりを無意識に集めて、反証する情報を無視する傾向のことを、**「確証バイアス」**と言います。つまり、最初にバイアスによって決められてしまうと、どんなにたくさんの情報があっても、しっかりと考察することができなくなるのです。

これは今回のコロナ禍だけではなく、政治や経済のニュース、また芸能人に対する印象、身近な他人に対する印象などさまざまな物事についても見られるものです。

そして、こうした行為はほとんど「考えている」うちには入りません。先述の東北大学の川島隆太先生の文脈で言えば、こうしたバイアスがかかった中での情報収集では、自分では思考をめぐらせていると思っていても、結局、脳の血流は活発化していないのです。

常識のアップデートを手帳にメモる

私たちは多くの先入観にとらわれて思考していますが、「これは思い込みだった」「これはバイアスだった」ということに気づいて、修正する機会にもあふれています。

だから、本書を読んでバイアスの危険性を知ったら、そういった機会をとらえて、その都度自分の先入観を修正していきましょう。

私が最近、最も鮮烈にバイアスを変えられたのは、やはり松山英樹選手がマスターズで優勝した時です。その時のことは手帳に書き込みました。

「日本人は優勝できないと思っていて、ごめんなさい。教えてくれてありがとう。自分の偏見を修正してくれて、ありがとう」と感謝しながら、「祝！　マスターズ優勝(^^)」と書きました。

私は、こうした日々の気づきを手帳に書いているのですが、これは**「常識アップデートのログ（記録）」**みたいなものです。こうした自分の変化を手帳に書いていくというのは、心地よい作業です。

自分の価値観を変えてくれる出来事は日々あります。簡単なことでいいので、みなさんもそれを自分のアップデートのログとして手帳に書いてみてはいかがでしょうか。

3 「思考のフォーム」を身につける

①自分の考えをチェックする

さて、私たちは「思考停止」におちいらないためにどうすればいいのでしょうか。

そこで、**「思考のフォーム」**の出番です。

まずは、何らかの情報や事実に直面した時、「自分の考えをチェックする」ということが大切になります。つまり、

「この問題に対して、自分はどのように思ったか?」

と自問自答してみるのです。

自分の直感や第一印象はその後、どんどん上書きされていってしまいます。ですので、スタート地点を明確にするための、この当たり前の作業が重要になります。

直感を疑う

自分の考えをチェックするために最初にすることは、「直感的に起こる感情的な反応」に対していったんストップをかけることです。

その際、自分の考えにはバイアスがかかっているものとみなして、「直感を疑う」ことをあえてしてみましょう。

社会心理学者のジョナサン・ハイト教授は、心を「直感や感情」（大脳辺縁系）と「理性」（大脳新皮質）に分け、「心」を「象」、「理性」を「その乗り手」にたとえています。

私はこれら二種類の認知能力を、それぞれ〈乗り手〉（「理由を考えること」などの、意識によってコントロールされたプロセス）と〈象〉（情動、直観、そしてあらゆる形態の「見ること」を含む自動的なプロセス）と呼んだ。（中略）〈乗り手〉は、いくつか有用なことができる。さまざまなシナリオを思い浮かべながら未来に目を向けられるので、現時点での〈象〉の決定をよりよい方向に導ける。新しいスキルを学び、新技術に習熟し、その知識を用いて、災厄を回避しながら目標に到達できるよう〈象〉を誘導できる。しかしもっとも重要なこととして、〈象〉が実際に何を考えているのかを知らずとも、〈乗り手〉は〈象〉の代弁者としての役割を果たせる。というのも、〈象〉がたったいましたことの根拠をあとから考え出し、これからしたがっていることを正当化する理由を見つけるのに、〈乗り手〉は非常に長けているからだ。

[ジョナサン・ハイト『社会はなぜ左と右にわかれるのか』]

象に乗ることを想像してみてください。普通は乗り手が象の動きを操っているように思います。同様に、私たちは「理性」によって、直感や感情などの「心」を抑え込んでいると考えています。

ところがハイト教授は、数々の脳科学の実験から、私たちは象に操られている存在であることを証明しています。つまり直感が主体であり、理性はそれを補完するにすぎないということです。

人間は直感にもとづいて意思決定を行い、理性は後づけの言い訳づくりを担う。これが

乗り手が象を操っているように見えるが……

脳の基本構造だということです。

このことから何が言えるかというと、私たちは理性が直感への言い訳づくりに終始しないために、意識的に理性をコントロールしなければならないということです。

とは言っても、難しいことはありません。ただ、ある問題に対して自分の考えが浮かんだ時に、

「自分の考えはちょっと偏っていないかな?」

と思ってみるだけでOKです。

自分の考えをとりあえずカッコに入れる

次に、自分の考えをいったんカッコに入れて、脇に置いておきましょう。

この、「とりあえずカッコに入れる」というのは、オーストリアの哲学者エトムント・フッサールが**「現象学」**で提案した考えです。現象学というのは、現象を偏見なしに見てみることから出発してみようという学問の方法です。

私たちは先入観で生きています。これまでの体験がその人の思想や偏見となっていて、その枠から外れて考えることは難しいのです。

たとえば、虹を思い浮かべてみてください。虹は7色だと思って見れば7色に見えます。しかし、実は国によって虹の色は5色であったり、6色であったりします。色数がもっと多い場合もあります。私たちの「虹は7色」というのは先入観にすぎないのです。

そこで、「虹は7色」という先入観をカッコに入れてみましょう。そうしてカッコに入れて見てみると、「虹って7つにくっきり分かれているわけではないんだよな。赤橙黄《せきとうおう》緑《りょく》青藍紫《せいらんし》と覚えたけれども、間の色もあるな」ということが初めて見えてくるわけです。

現象学に**「エポケー」**という言葉があります。古代ギリシア語に起源を持つ言葉で、「停止、中止、中断」といった意味があります。このエポケーをする、つまり決めつけをやめて自分の考えをいったんカッコに入れて脇に置いてみる、ということをしましょう。

「なぜそう思うのか」自問する

そして次のステップは、

「なんでこう思ったのだろう？」

とつぶやいてみてください。声に出さなくてもかまいません。

これは、自分の最初の直感の源泉をたどってみるということです。

自分はどうしてそう思ったのだろう。親や先生に教えられたからなのか、自分の成功・失敗の経験からなのか、自分が読んだ本からの影響なのか、テレビのコメンテーターが言っていたからなのか、〝推し〟のユーチューバーの意見なのか……。

もしそれが他の人の意見から影響を受けたものだったのなら、まずは「これは自分のオリジナルの意見じゃないんだ」と分かります。このように認識することによって、今後、反対意見に出合った時に、自分の意見に固執しないようになる効果があります。さらに余裕があったなら、なぜその人はそのように考えたのかを調べてみましょう。

自分の直感のもとがはっきり分からないこともあるでしょう。その場合は、その直感はとりあえず自分の意見ということでかまいません。次のステップに進みましょう。

②自分の考えと異なる立場から見てみる

自分の直感をいったんカッコに入れて脇に置いたら、次に自分の意見とは異なる立場に立って考えてみましょう。

自分の意見と異なる立場の意見といきなり言われても、慣れるまではパッと思い浮かばないかと思います。自分の中に日ごろ蓄積した**知識**や**情報**があり、また他者の立場に立って考えるための**想像力**があれば、すぐに思いつきます。けれども、こうしたものは筋肉と同じで、一朝一夕に身につくものではありません。

ですが、現代ではインターネットで検索すればさまざまな情報にアクセスできます。それらを大いに活用して、自分の意見とは異なる意見を探してみましょう。

「考え続ける」ということは、**「調べ続ける」**ことでもあります。ひと手間を惜しまずに、念のため調べてみるというクセをつけたいものです。そういう習慣を続けているうちに、少しずつ情報という筋肉がついてきて、考え続けることができるようになっていきます。

歴史のIF

NHKBSプレミアムで放映されている『英雄たちの選択』という番組があります。歴史学者の磯田道史さんが司会をされ、私も出演したことがあります。

この番組は、歴史を大きく変える決断をした英雄たちの心の中に分け入り、他にどのような選択肢があったのか、選択の崖っぷちに立たされた英雄たちが体験したであろう葛藤をシミュレーションし、英雄たちが迫られた選択のメリットやリスクを検討して、歴史的決断の意味を深く掘り下げていくという内容です。

歴史の事実は1つだとしても、他の選択もあり得たのではないか。当事者はなぜそれを選択したのか。そのように「歴史のIF」を考える作業は、「思考の持久力」を高めるのには打ってつけです。

自らを〝歴史探偵〟と称し、『ノモンハンの夏』『日本のいちばん長い日』（いずれも文春文庫）など、たくさんの歴史の本を書かれて、昭和史を検討する仕事をされた作家の半藤一利さんの本を読むと、考え続けなければならないテーマがたくさん見つかります。

特に、私たち日本人にとって第二次世界大戦は避けて通れない出来事です。日本はなぜあの戦争に突き進んでしまったのか、あの戦争を起こさないことはできなかったのか、せめてもっと早くに終らせることはできなかったのか……。

歴史が示すように、当時の大日本帝国は蔣介石率いる中華民国と戦争状態にありましたが、さらに「もうアメリカと戦争するしかない」と考えて、戦争に突入しました。それを当時の大新聞も賛成しましたし、多くの国民も支持しました。

しかし、１９４１年12月８日の真珠湾攻撃で、「トラトラトラ（ワレ奇襲ニ成功セリ）」と喜んでも、大本営ではその後の勝利までの道筋は、ほとんど見えていなかったわけです。であれば、せめて戦争の早期終息をはかるべきだったというのは、後から考えれば明白なことです。

こうした歴史が教えてくれるのは、「こうするしかない」と決めてしまった時の危うさです。「もうアメリカと戦争するしかない」と決断する前に立ち止まることができるかどうかということです。また、戦争が始まってしまった後、「開戦は間違いだった」「早く戦争を終わりにしなくては」と思っても、一度戦争をすると決めてしまったら止まることができないのだということを、私たちは肝に銘じておく必要があります。

映画や小説の効能

「自分の考えと異なる立場から見てみる」能力を高めるのには、映画を観たり、小説を読んだりすることもおすすめです。

たとえばＬＧＢＴに関する映画について言えば、共産主義者の男子学生と自由主義者のゲイ男性との友情を、キューバの社会情勢を背景に描いた『**苺とチョコレート**』や、アメリカ中西部を舞台にカウボーイ同士の恋愛を描いた『**ブロークバック・マウンテン**』、身体的には女性で性自認が男性のトランスジェンダーの主人公の身に起こった事件を描いた『**ボーイズ・ドント・クライ**』など、数々の傑作があります。

そういう映画を観ると、１本観るごとに自分の感覚が変容していくのが分かります。そういう映画は、自分の思考にとてもいい刺激になります。自分が経験していない世界を経験させてくれるのが映画の良さです。

小説も同じです。

たとえば有名な太宰治の『**走れメロス**』を見てみましょう。

主人公のメロスが市にやって来て、王の暴君ぶりを聞き、義憤に駆られて王を殺そうと城に乗り込むものの、すぐに捕えられてしまう。メロスは命乞いはしないが、妹に結婚式を挙げさせたいので、3日間だけ猶予をほしいと言い、自分の代わりに親友のセリヌンティウスを人質に置いていく、というあらすじですが、村へ戻り、妹に結婚式を挙げさせて、城へ戻る道中、メロスの心は刻々と移り変わっていきます。

市に戻りたくない、いや戻らねば。行きで渡った橋が豪雨で流され、川を泳いで渡ると山賊に襲われる。山賊を殴り倒して峠を下ったが、疲労困憊で動けなくなってしまう。「もう、どうでもいい。これが、私の定った運命なのかも知れない。セリヌンティウスよ、ゆるしてくれ」と諦めかける。

すると、水の流れる音が聞こえた。その湧水を飲むと肉体の疲労が恢復し、希望が生まれる。「私は、信頼に報いなければならぬ。いまはただその一事だ。走れ！　メロス」と再び走り始め、城に戻り、見事、セリヌンティウスを救うのです。

この話をあらためて読んでみると、メロスは相当、自分勝手な人間です。いくら暴君とはいえ、勝手に城に乗り込んで王を殺そうとする。捕えられると、死ぬ覚悟だと言いながらも、妹に結婚式を挙げさせたいから3日間猶予をくれと頼み、竹馬の友だが2年間会っていなかったセリヌンティウスを勝手に人質に差し出す。「セリヌンティウスの気持ちも考えてあげろよ」と言いたくなるほどの、メロスの傍若無人ぶりです。

ですが、この極めて人間臭い心の移り変わりを描くのが、太宰は抜群にうまい。心というものは弱いものであり、移ろいやすく、そして悪の部分も含む、しかし美しいものである。**人間の心のトータルの姿を描き切るものが文学**だということが、よく分かります。

他者の心の内側に入る

時々、小説は読んでもあまり役に立たないと言われる人がいます。私はそうは思いません。小説を読めば読むほど柔軟な想像力が育まれて、他者理解力が向上していくと考えています。

一例をあげましょう。日本では１９５０年代後半から始まった高度経済成長の時代に公害問題が深刻化し、１９６０年代後半には、水俣病などの四大公害訴訟が起こされ、被害者の救済と公害防止を求める世論が高まったことがありました。

しかし、たとえば熊本の水俣病では、企業側がなかなか水俣病の被害者の側に立って考えてくれないということがありました。

私の恩師である社会学者の栗原彬先生の『証言　水俣病』（岩波新書）によると、水俣の人たちは会社に対して、人間として会いたい、人間と人間との対話がしたいと言っているのにもかかわらず、その対話ができなかったと言います。解決案や和解金をどうするのかの議論の前に、まず人間として会いたい。そこが水俣病に関する訴訟において、水俣病の患者の団体の譲れない主張だったわけです。

その水俣病の実態を被害者の証言をもとに描いたとされる小説家の石牟礼《いしむれ》道子さんの**『苦海浄土　わが水俣病』**を読むと、水俣病についてほとんど知らなくても水俣病の被害者の内面の世界を生きることができます。

うちが働かんば家内が立たんとじゃもね。うちゃだんだん自分の体が世の中から、離れてゆきよるような気がするとばい。握ることができん。自分の手でモノをしっかり握るちゅうことができん。うちゃじいちゃん（引用者注・夫のこと）の手どころか、大事なむすこば抱き寄せることがでけんごとなったばい。そらもう仕様もなかが、わが口を養う茶碗も抱えられん、箸も握られんとよ。足も地《じだ》につけて歩きよる気のせん、宙に浮いとるごたる。心ぼそか。世の中から一人引き離されてゆきよるごたる。うちゃ寂しゅうして、どげん寂しかか、あんたにゃわかるみゃ。

このように自分とは違う人間の内側の心理に、スッと入っていけるのが文学の魅力です。

ありえない経験も疑似体験できる

小説を読むことで一種の思考実験を体験することができます。文学には、人間の弱いところや悪の部分も描かれており、また、さまざまな登場人物がいるので、人間理解力が高まります。本を読んで知っていれば、現実の人間に対しても、「こういう人、いるいる」

と免疫がつき、自分とは違うタイプの人に出会っても、理解しやすくなります。「自分の意見と異なる立場から見てみる」ことが楽にできるようになります。

文学は古代ギリシャ以来、悲劇が多く、たとえば文豪トルストイの**『アンナ・カレーニナ』**は、1870年代のロシアを舞台に、政府高官の夫と幼い1人息子を持つ身でありながら、若い貴族将校に出逢い、恋におち、不倫という神の掟を破る行為に走ってしまったアンナの悲劇が描かれています。

日本文学の最高峰として世界的に評価されている**『源氏物語』**は、平安時代に生まれた文学作品です。主人公の光源氏はやりたい放題。人妻との恋、それも自分の父である天皇の後妻と交わります。光源氏と関係を持った女性はそれぞれつらい思いをします。

作者の紫式部は、女性の視点から1人ひとりの人物を描き分け、登場人物たちの心が、まるで雲が移動するようにスルスルと動いていく様が描かれています。

光源氏は、道徳的にはどうにもならない振る舞いが多く、最愛の妻である紫の上との関係は、今で言うロリータ・コンプレックス的な少女愛好です。源氏と紫の上との出会いは、紫の上が幼少の頃でした。しかし、源氏は一目で惹かれてしまい、自分の手元に呼び寄せ、理想の女性に育てました。最初は添い寝ぐらいで済んでいますが、やがてそれでは済まなくなってしまった。

ロリータ・コンプレックスの「ロリータ」という言葉は、中年の男性が年の離れた少女を愛するウラジーミル・ナボコフの小説『**ロリータ**』（新潮文庫）から来ています。

主人公の中年男性が、少女ロリータに叱られると、主人公はこう謝ります。

「本当にすまない、我が恋人よ、我が紫の上よ」

これを指摘する人はあまりいませんが、私は見つけた時に、感嘆しました。ナボコフは１８９９年にロシア帝国で生まれますが、ロシア革命後、西欧に亡命し、その後、アメリカに渡り、『ロリータ』を発表しました。

恐るべきことに、ナボコフはちゃんと『源氏物語』と紫の上を知っていて、ロリータとの会話に見事に入れたわけです。つまり、「少女愛好といえば紫の上である」と、世界のインテリの間では知られていた。それくらい世界的に超有名だということです。

もちろん、光源氏の振る舞いを道徳的に見れば、人の道に外れていますし、現在では完全な法律違反です。『源氏物語』の世界の中でも、周囲から良くは思われていません。手を出してはいけない人に手を出すということをくり返し、源氏は妻に対して自分から謹慎するということもしているくらいです。けれども、いけないと分かっていてもやってしまう、それも人間です。

サスペンス小説などを読んでいても、「犯人の側の心情はこういう感じなのか」というように、本来なら共感しえないはずの人物に共感してしまう自分を発見することがあります。

ドストエフスキーの『**罪と罰**』は、主人公である殺人者のラスコーリニコフという人間の心理に寄り添って書かれているので、老婆を殺害しに行く主人公の心の葛藤や、殺人を犯してしまった後の焦りなどが理解できるわけです。

……彼は息が苦しくなった。一瞬彼の頭に、《このまま帰ろうか？》という考えがちらと浮んだ。しかし彼はその考えに返事をあたえないで、老婆の部屋の気配に耳をすましはじめた。気味わるいほどひっそりとしている。やがてもう一度階段の下のほうへ聞き耳をたてて、長いこと注意深く様子をうかがった……それから最後にもう一度あたりを見まわしてから、そっとしのびより、服装を直し、もう一度輪にさした斧をたしかめた。《顔が……真っ蒼《まさお》ではないだろうか？》ふと彼は思った。《おかしいほど、びくびくしすぎてはいまいか？　あいつはうたぐり深いから……もうすこし待ったほうがよくは

ないか……動悸がおさまるまで?……》

しかし、動悸はおさまらなかった。どころか、まるでわざとのように、ますますはげしくなるばかりだ……

こういう普段、味わえないような世界を味わうことによって、他者理解の幅を広げていくという効果が、小説にはあるのです。

三島由紀夫の『**金閣寺**』(新潮文庫)という小説があります。金閣寺を燃やした青年僧を描いた物語ですが、これは1950年に実際に起こった放火事件をもとに描かれた作品です。当時はとても衝撃的な事件でした。室町時代に建立されて以降、数々の戦争でも焼けなかった金閣寺が、青年僧の放火によって昭和の時代に燃やされてしまったのです。

『金閣寺』はあくまでフィクションですが、それでも読んでいくと、まったく理解できないと思っていた青年僧の心情が理解できるようになります。

極限状況を通じて、自分の生きている意味を考えさせてくれるのが、ヴィクトール・E・フランクルの『**夜と霧**』です。

第二次世界大戦当時、ナチス・ドイツはユダヤ民族の絶滅を計画し、強制収容所を設立して数百万人のユダヤ人たちを送り込みました。ウィーンの精神病院で女性の自殺患者部門の責任者を務めていたユダヤ人の精神科医フランクルも、ある時、家族とともどもナチスによってアウシュヴィッツの強制収容所に送り込まれてしまいます。

強制収容所での生活は、食糧も満足に与えられずに重労働を課せられるという過酷なものでした。ガス室に送られたり、理由もなく銃で撃たれて死んでいく者もいました。そのような異常な状況の中で、ただ力尽きて死んでいく者もたくさんいました。

フランクルはそのような過酷な環境において周囲の人間がどんどん死んでいく中で奇跡的に生き延び、そして、精神科医の冷静な目で収容所の実態、極限に追い込まれた人間を見ていきます。といっても、彼は傍観者でいることは許されません。他の収容者とともに過酷な生活を強いられています。収容所の非人間的な環境の中で、生きる力とは何かを見つけ出していく実験台となるのです。

異常な状況の中で、どんどん人が死んでいきますが、その一方で、何とか生き残っていく人間もいます。ある者は生き続け、ある者は死に至る。両者を分けているのは何かと、フランクルは考えます。

そして、彼が気づいたのは、生きていく希望を失った人間から死んでいき、一方、自分の未来を信じ、何としても生き抜くという意志を持っている人間はどうにか持ちこたえることができる、ということでした。それはフランクルが自らの命をかけて行った実験の結果、導き出された答えでした。そして彼の希望は、愛する妻の存在でした。

この作品は、精神医学者という分析能力のある人間が、自らも含め収容所にいる人々の精神状態を観察した貴重な記録になっています。

他者理解の傑作――太宰治『駈込み訴え』

「自分の考えと異なる立場から見てみる」ことは、**「他者理解」**です。では、他者理解はどうやったらできるのでしょうか。

ぜひみなさんには、太宰治の**『駈《かけ》込み訴え』**を読んでいただきたい。青空文庫でも読むことができます。

「申し上げます。申し上げます。旦那さま。あの人は、酷《ひど》い。酷い。はい。厭《いや》な奴です。悪い人です。ああ。我慢ならない。生かして置けねえ」

と「旦那さま」に対して、「ずたずたに切りさいなんで、殺して下さい」と訴える男の独白です。

彼は自分の師であり主《あるじ》である「あの人」のことを、他の弟子たちとは較べものにならないほどに、誰よりも愛している。だから「あの人」のために何の見返りも求めずに献身してきた。なのに無報酬の純粋の愛情を受けとってくれない。それどころか嫌われている、と思い込んでいる。

だから、かわいさ余って憎さ百倍になって、「旦那さま」に居場所を教え、「あの人」を売ってしまうという話です。

この訴えた男の正体は、「裏切り者」の代名詞、イエスの十二使徒の1人、イスカリオテのユダです。

太宰は独白体で、この時のユダの心情を仔細に描き切りました。実際には、ユダの言葉というのは残っていませんが、この『駈込み訴え』のユダのイエスに対する愛憎の吐露を読むと、ユダの魂が太宰に憑依《ひょうい》して、まるで本当にユダが独白したかのように感じるのです。

太宰が描くユダは単なる裏切り者ではなく、そこにはイエスに対する真実の愛情を見ることができます。その独白は真に迫っており、読者は「ユダが裏切った気持ちも分かる」となるのです。「この人は、本当にイエスに愛されたかったんだろうなあ」と、ユダの切なさに共感してしまいます。

『駈込み訴え』は短い作品ですが、読めば「裏切り者」という通説であるユダ観が変わります。

なぜこの『駈込み訴え』を紹介したかというと、ユダの思いを知ることによって、悪者だと思い込んでいたユダを理解できるようになることを、自身で体験してみてほしいからです。

「ユダはたしかに裏切ったから悪い。けれども、ユダの思いを理解できないかというと、理解できる」というところまで、私たちは太宰のおかげで到達できるようになるわけです。いわゆる善悪で言えば、ユダは悪の象徴みたいなものですけれども、太宰を通すとその気持ちが理解できるようになるのです。

こうした人間に対する広く深い理解力というものも、思考のベースになるのです。

③あらためて自分の考えを見直してみる

さて、自分の意見を異なる立場から見てみたら、あらためて最初の自分の考えを見直してみましょう。別の角度から見ることによって、思わぬ発見があるかもしれません。

重要なのは、確証バイアスに踊らされないことです。反対意見を考えているふりをして、結局は最初の自分の直感をサポートするものになっていないかを、常にチェックしてください。

この時、よくおちいりがちなのは、**「二項対立のわな」**です。

物事を理解するためには分かりやすく考えた方がいい。だから私たちは物事を単純化して考えようとします。その代表的なものが**「二項対立」**です。「男と女」「大人と子ども」「彼らと我々」など、物事を矛盾または対立の関係にある2つの概念に分けて考えたりすることです。

「二項対立」で考えると物事を理解しやすくなるというメリットがあります。一方で、分かりやすくするために、両極端の2つの概念以外をすべて排除してしまいます。ですから、本当はまず二項対立で物事を単純化して考え、次に排除した概念についても考える必要があるのです。

しかし、多くの人は得てして二項対立で文字通り白黒をつけ、その段階で考えるのを止めてしまいがちです。

『グレート・ギャツビー』などの名作で知られるアメリカの小説家F・スコット・フィッツジェラルドは、「第一級の知性の規準は、対立する二つの観念を同時に抱きながら、しかも機能を果たすことのできる知性である」と言っていますが、大事なことは、ある問題に対して1つの正解を出すことではありません。まずは直感的に思いついた考えをいったん脇に置いて、自分の考えとは反対、もしくは異なる意見をあえて提示してみることによって、自分の先入観や偏見にもとづいて決めつけてしまうことによる「思考停止」におちいらないことです。

だから、自分の考えを見直す際には、自分の中に裁判官を持つようにするといいでしょう。自分の中に自分A、他者B、裁判官の3者を設定し、自分の中でディスカッションをしてみるのです。

たとえばある問題について考える時に、自分の立場から見るとAの考え方になる、ところが相手からするとBの考え方になる、もし裁判官がいるとしたらどう判断するだろうか、などと考えてみるのです。

裁判官の気持ちになった時に、Aの言うことだけを聞いていたらA寄りになってしまいますし、Bの言うことだけを聞いていたらB寄りになってしまいます。両方の意見を公平に聞くことが重要です。それによって一面的な見方をしていた問題について全体像が見えるようになってきます。

④物事の本質を考える

③までの作業で見えてきた全体像をふまえて、「その問題の本質は何か」を考えてみましょう。そこで使えるのが、**過去の人たちの手による学説や理論**です。
学説や理論と聞くと、小難しいものと拒否反応を持ってしまうかもしれません。しかし、これは洋の東西を問わず、過去に生きた多くの人たちが思い、悩み、考えてきた蓄積の成果です。ありていに言えば、自分に代わって、すでに考えてくれた人がいるならば、それ

を利用しない手はない、ということになります。

思考のフォームの①〜③は特殊な知識や学問的能力がなくても誰にでもできます。ただし、この④については、**「教養」**があった方がいいでしょう。教養は一朝一夕には身につきませんが、焦る必要はありません。まずは、自分が今持っている知識や人生経験をもとに、**「その問題の本質はなんだろう?」**と考えようとすることが重要なのです。

その際、本などで先人たちの思考を学び、教養を深めておくと、こういう時に役立ちます。大学で哲学を学んだ人は、社会に出て全然役に立たないと思ってきたかもしれませんが、決して無駄ではなかったのです。思考のフォームづくりを大学で行っていたわけです。

最近では、難しい哲学書を分かりやすく解説した本などもたくさん出ています。そういった先人の考えを現代の状況に当てはめることで、さらに私たちの考えは深く、遠いところに到達することができるでしょう。

以上、「思考の持久力」がつくための「思考のフォーム」の説明をしてきました。まとめると、次のような流れになります。

①自分の考えをチェックする
②自分の考えと異なる立場から見てみる
③あらためて自分の考えを見直してみる
④物事の本質を考える

物事を考える時にこの手順で行うことによって、私たちは思考停止におちいらずに多角的に考えられるようになるでしょう。それを続けていくことによって、「思考の持久力」がついてくるのです。

ジョギングの持久力と同じで、考え続けるためにもトレーニングが必要です。日々考えるという練習をして初めて、その能力は上がっていくのです。

とはいえ、「歯を食いしばって考え続けよ！」と言いたいわけではありません。そもそも困難なこと、嫌なことを人は続けることはできません。ジョギングと同じように正しいフォームで日々走っていれば、持久力は自然とついてきます。そうすればより楽に長く走れるようになります。

だから、身の回りのすべての問題についてこのように考える必要はありません。自分のアンテナが強く反応したものから始めてください。

試験ではないので時間制限はありません。散歩している時、通勤中、トイレの中、風呂に入っている時など、日常生活のどこかを使って自分のペースで①から②、②から③、③から④と少しずつ思考の歩みを進めていけばいいのです。

もう一度言いますが、大事なのは「立ち止まらない」ことです。

ただしここまで述べた枠組みだけでは抽象的でイメージがつかめないと思います。そこで、第2部では6つのテーマについて、私と一緒に思考のフォームを使って考えてみましょう。

最初にテーマに沿った資料を提示しますので、それを読んだら、いったんページをめくる手を止めて、自分なりに考えてから、読み進めてみてください。

第2部 実践編

「思考の持久力」トレーニング

テーマ1 守るべきは秩序か自由か?

資料①

マスク着用を巡り、飲食店の店員とトラブルになり、通報を受けた警察官を殴るなどしたとして、千葉県警館山《たてやま》署は（引用者注・2021年4月）10日、公務執行妨害の疑いで、住所、職業不詳A容疑者（34）を現行犯逮捕した。

逮捕容疑は、10日午後0時50分ごろ、館山市の飲食店前の路上で、通報を受けて現場に到着した館山署員の顔面を殴り、職務の執行を妨害した疑い。

署によると、A容疑者は「語りません」と供述し、認否を明らかにしていないという。

捜査関係者によると、飲食店の店員がマスクを着用していなかったA容疑者の入店を拒否し、トラブルになった。A容疑者は店内で暴れ、周囲の客が110番通報したという。客や店員にけが人は出なかったが、警察官は顔面を殴られ、軽傷を負った。

A容疑者は昨年9月、釧路空港発の関西空港行きの機内で、マスク着用を拒否して客室乗務員の腕をねじって捻挫《ねんざ》させ、飛行機を遅れさせるなどしたとして、傷害や威力業務妨害などの罪で1月に起訴され、その後、釈放されていた。

［日刊スポーツ2021年4月11日配信、一部改変（氏名・企業名を伏せた）］

①自分の考えをチェックする

まずは、資料①を読んで自分がどう思ったかを確認してみましょう。どう思いましたか？

・なんて迷惑な人だ
・わがままだ　など

多くの方は直感的に、「これはトラブルを起こしたAさんが悪い」と思うのではないでしょうか。自分が他の人に感染させてしまうかもしれないという当事者意識も危機感もなく、「自分勝手でわがままな人」という認識です。

たしかに、警察官に暴力をふるったことにはかばう余地はなく、実際に公務執行妨害の疑いで逮捕されています。

しかし、中にはこのように思った人もいたかもしれません。

・Aさんの意思も尊重されるべきではないか

ただし、Aさんを擁護するこうした意見に対しては、なかなか賛同は得られないでしょう。

②自分の考えと異なる立場から見てみる

では、視野を少し広げてみましょう。

マスク着用をめぐって、海外ではたとえば次のような報道があります。

資料❷

米国人がマスクの着用に抵抗を示す姿は、外国人の目には自分勝手としか見えないかもしれない。だがその背景には、「政府の権力」と「個人の自由」のせめぎ合いという建国当初からの歴史がある。

米国の政治的DNAには抵抗の精神が組み込まれている。例えば、ノースカロライナ州で新型コロナウイルス感染対策の行動制限に反対を訴えてきた女性活動家は最近、フェイスブックに投稿した動画の中で、マスクをフライパンで焼いてみせ、着用を義務付けるのは「自由の侵害」だと主張した。

アリゾナ州の男性は新型ウイルス感染症で家族を亡くしたにもかかわらず、マスクは着けないと言い張っている。

最近マスクを義務化したばかりのカリフォルニア州では、その議論をめぐって保健当局者が脅迫を受けたという。

トランプ大統領のマスク嫌いもよく知られている。マスクで顔を覆うのは弱さやリベラル主義の表れで、米国の精神に反すると主張してきた。先週のインタビューでも、マスクを着ける国民には自身を困らせようとする政治的意図があると批判した。

社会に対立軸を作って政治利用しようとするのはトランプ氏の常套《じょうとう》手段だが、マスクが論争の火種になるのはこれが初めてではない。約100年前に起きたスペインかぜの流行でも、マスク義務付けに反対運動が起き、着用を呼び掛けた医師が中傷を受けた。

政府がシートベルト着用や禁煙、銃規制などを後押ししたケースでも、同じような議論が繰り返されてきた。

歴史の教訓は明らかだ。マスクを着けたがらない米国人に対し、着けろと言うこと自体はいいだろう。だが政府がそんな指図をしたら、もめごとになるのは間違いない。

［CNN2020年6月25日配信］

この資料❷を読んでみて、どう思ったでしょうか？

・個人の権利を尊重している場合か
・自由は大事だが多くの人が死んでいる
・感染症対策への協力が最優先ではないか
・日本でよかった　など

海外では、マスクの着用を拒否する事例が、日本よりはるかにたくさんあります。

資料❷の冒頭に、コロナ禍の中でマスクの着用に抵抗を示すアメリカ人の姿は、「自分勝手としか見えないかもしれない」とありますが、これは資料①の日本の事例において、Aさんに私たちが感じた印象そのものと言えます。

ただしアメリカでは、そこに「政府の権力」と「個人の自由」の対立という構図があるとされています。アメリカでは、マスク着用を拒否する人は、必ずしも「自分勝手でわがままな人」ではなく、「国家権力から個人の自由を守る闘士」とみなされているわけです。

もちろん資料②にも書かれているように、ここには「個人の自由」を大いに尊重するというアメリカ特有の歴史的背景（**コラム**①参照）が存在します。

2つの資料を見比べてみてどう思われたでしょうか。日本にはアメリカのような歴史的背景はありませんが、「自由」が大事であるということに異議を唱える人はいないと思います。

一方で、資料①のAさんを、「自由を守る闘士！」と讃《たた》えるには、さすがに抵抗があるでしょう。このように感じる人の気持ちもとてもよく分かります。簡単に言えば、「自由」と「わがまま」は違うのではないかという、モヤモヤした思いではないでしょうか。

欧米では、開けている店がマスクを着用していないという理由だけで入店を拒否することは少ないでしょう。これは、欧米の方が自由というものを重んじる傾向が強いということ

Column 01

アメリカ人が自由を重んじる歴史的背景

アメリカを象徴的に示しているものに、「規律ある民兵は、自由な国家の安全にとって必要であるから、人民が武器を所有し又携帯する権利は侵してはならない」という合衆国憲法の修正第２条があります。

政府が武器を独占してしまえば、その銃口を国民に向ける可能性が出てきます。そのような政府の暴走の可能性を考えて、常に国民は自分の身は自分で守るという意識や手段を持たなければならないし、そのための正当な権利を有していなければならないという考え方です。

したがって、決して政府は国民が持つ武器を規制してはならず、同様の文脈でマスクの着用についても国民の意思にゆだねなければならないというわけです。

アメリカではその歴史的経緯などから、公共の利益を守るためにも、政府が自由を侵害したと思われる場合は、敢然と立ちあがる必要があるという考え方です。だから、「政府の権力」から「個人の自由」を守る闘士は讃えられるわけです。

とを表しています。

逆に言えば、日本人は秩序を重んじる傾向が強いわけです。これにはいい面もありますが、秩序から少しでも外れた人に対しては冷たく、場合によっては徹底的に糾弾し、排除しようとする圧力も強いということになります。

コロナ禍でのマスク着用について、もうほとんどの人が覚えていないと思いますが、日本でもある時期までは道を1人で歩いている時にマスクをしていなくても特にとがめられることはなく、マスク着用は個人の判断に任せられていました。

ところがいつの間にか、屋外で周りにほとんど人がいないような時でも、マスクをしていないというだけで白い目で見られるようになり、1人で散歩している時ですら、みんなマスクを鼻まで隠してするようになりました。鼻を出していることすらも監視対象になり、「鼻マスク」という言葉まで生まれる始末です。「あの人は鼻を出している危険人物」とみなされ糾弾されるのが今の日本社会です。マスク着用においてここまで徹底的に相互監視社会になった国もなかなか珍しいと思います。

私も普通に散歩をしている時など、本当はマスクを着けたくはありません。周りに誰もいない広々とした場所でいい空気を吸って、普段我慢している肺の活動をちゃんと回復させることも、精神衛生上、重要だと思います。けれども、１人で散歩している時でもマスクを着けていないと、遠くから厳しい目が向けられているのです。

日本は同調圧力が非常に強く、それによって秩序を保ってきたという歴史があります。それによって私たちの日常生活の安全性が保たれている要素はたしかにあります。

一方で、たとえば感染させる危険性が低いところでマスクをしていない人に対しても、「臨機応変な判断力のある人」ではなく、「ルールを守っていない人」とみなされてしまうのです。

これは、**「赤信号でまったく車が通っていない横断歩道を渡っていいのか」**という問題にも通じるものがあります。「赤信号は何のために設置されているのか」という本質を考えれば、まったく車の往来のない時なら赤信号でも渡ってもいいだろうと合理的に考える外国人は多いでしょう。

しかし、日本人の多くは、まったく車の通る気配のない道でも、しっかりと赤信号を守って立ち止まり、信号が青になってから渡っています。日本に来た外国人は、そんな日本人を見て、いい意味でも、悪い意味でも驚くそうです。

ちなみに厚生労働省は、熱中症対策として屋外で人と十分な距離（少なくとも２ｍ以上）

が確保できる場合には、マスクを外すようにしましょうと呼びかけています（2021年7月現在）。

③あらためて自分の考えを見直してみる

このように社会というものは、個人の自由と秩序の維持とが常にせめぎ合っています。そして日本という国は、秩序維持のために個人が自由を抑制することに対して、欧米よりも比較的慣れています。社会の秩序を守るためには積極的に相互に圧力をかけ合ってルールを守らせようとする傾向があるということです。

ルールといっても、マスク着用のルールというのは法律で明確に定められているわけではありません。どんな場所でならば鼻を出してもよくて、どんな場所では悪いのかといったことは法律には書いていません。お店がマスクを着用していないお客さんの入店を拒否していいかどうかについても、そのお店の判断にゆだねられている面もあります。

資料❶は、その法律的しばりがはっきりとしていない中で起きたトラブルです。「Aさんはルール違反だ、わがままだ」と言うことは簡単です。しかし、世界には、マスクを着用していないからといって入店を拒否しない国もたくさんあるのです。

視野を広げてあらためて考えると、Aさんを「自分勝手でわがまま人」とみなすことには議論の余地が出てきます。もちろん暴れたことは許容できませんが、マスクを着用しないという点においては、「わがまま」と言い切ってしまっていいかは疑問です。

こうして考えていくと、最初に資料❶を読んで思った自分の考えはどうでしょうか？

もちろん、自由をどれだけ重んじるかは社会によって違いがあり、どちらがいいということではありません。日本には日本の流儀があって、それを尊重すべきというのはもっともです。

しかし、世界各国の距離はどんどん近くなってきています。日本にもたくさんの外国人が旅行に来ますし、実際に大勢が住んでもいます。

そうした中で、日本流の暗黙の了解や慣習に慣れていない人、あるいは受け入れたくない人に対して、どういう態度をとったらいいのか、どのように考えたらいいかについては、日ごろから考えておかなければならない時代になったと言えるでしょう。

④物事の本質を考える

③までの作業で、マスクの着用について国が違えば考え方も違うという全体像が見えてきました。では、この問題の本質は何なのかを考えてみましょう。

イギリスの政治哲学者アイザィア・バーリンは『自由論』の中で、自由には次の2つがあるとしました。

❶消極的自由（negative liberty）
❷積極的自由（positive liberty）

少し私の解釈や言葉も入れながら説明したいと思います。

「**消極的自由**」の象徴的なものは、「権力からの自由」です。この自由は、自分の思想や行動が、他者や組織などによって干渉されていないことを意味します。

原則として私たちは、自分が考えたいように考え、行動したいように行動する権利を生まれながら持っています。17世紀に活躍したイギリスの哲学者トマス・ホッブズも、人間には、「オギャア」と生まれた時にはすでに手にしている「**自然権**」という権利があり、第一の「自然権」は、**「どんなことでも行う自由」**としています。

ただしこの権利にも1つ条件があります。それは**「他人の自由を妨げない」**ということです。自分の自由が保障されるということは、自分も他者の自由を侵害してはならないということです。

ましてや自分が所属している組織に自分の自由が妨げられることがあっては決してなりません。アメリカ人の「政府の権力」に対する「個人の自由」を守る闘争というのは、この「消極的自由」の考え方が土台にあると言えます。

一般的に「自由」を考える時も、この「消極的自由」を思い浮かべることが多いと思います。

それでは、それと対比される**「積極的自由」**とは何でしょうか。簡単に言うと**「欲望からの自由」**となります。この自由は、自分の考えや行動が、自分の本能にしばられていない状態のことを指します。

少し分かりづらいので、具体的状況を思い浮かべてみましょう。

あなたが期限までにしなければならないことがあると想定してみてください。学生だったら、1週間後の試験のために勉強をしなければならない。社会人だったら、同じく1週間後までに企画書を提出しなければならないとします。

しかし、面倒くさくなったり、SNSの通知が来ていないか確かめたくなったり、眠たくなったり、お腹がすいたりといった多くの本能的欲求が次々とわき出てきて、本来しなければならないことがうまく進められない。このような経験は誰にでもあるでしょう。

こういう時、人には自分がしたいことをする権利、つまり「消極的自由」があるとして、なまけたいだけなまけたり、食べたいだけ食べたり、寝たいだけ寝たりすることが本当の意味で自由と言えるでしょうか。

本能のおもむくままに行動して、心から自由の喜びを感じられるかもしれません。しかし、ほとんどの場合、こうした行動をとってしまった後は大きな後悔にさいなまれ、どんどん自分が嫌いになっていくのではないでしょうか。

むしろ、しなければならないことに集中して取り組むことによって、私たちは結果として大きな喜びを手に入れることができることを経験から知っています。そのためには自分のなまけたいという欲望から抜け出す必要があります。これを「積極的自由」というのです。

「消極的自由」は、人が生まれながらに持っている権利としましたが、この「積極的自由」は、自分の本能に逆らって律する能力が不可欠ですので、人が生まれた後に身につける能力と言えます。

そして重要な点は、このような自律心を持っていないかぎりは、本当の意味で他者の自由を守ることができないということです。自分の欲望に流されているうちは、欲しいものがあった時に、他人の自由を奪ってまでもそれを欲しいと思う自分の欲望に歯止めが利きません。他者とは関係なく自分のしたいようにする自由だけが保障されている社会では、確実に大きな混乱におちいってしまうでしょう。

先ほど紹介したトマス・ホッブズも、「どんなことでも行う自由」が、人間が持っている「自然権」の第一としましたが、続けて第二の「自然権」として、社会が平安であるためには、この第一の「自然権」を**「進んで捨てるべき」**としています。本来何でもできる権利を持ってはいるけれども、人は1人では生きてはいけず、社会生活を営む以上、他の人が自分に許すであろう権利をしっかりと想定して、その程度の「自由」で満足するべきであると、ホッブズは説いています。

私たちは無条件に「自由」はいいもの、逆に「わがまま」はいけないものとして、そこで考えが終わってしまいます。しかし、ここで先人が自由を「積極的自由」と「消極的自由」とに分けて考えたということを知ることにより、思考を深めていくことができます。

たとえば「消極的自由」から「積極的自由」への批判というものがあります。「積極的自由」が教育や学習によって獲得されるものであることから、自分の自由意思で決定し行動したようでも、所属している組織の価値観にしばられることになり、最終的には1つの権力にみんなが従う全体主義を生み出してしまうというのです。また後天的に習得するものについては、その習得の有無によって人に違いが生まれてしまうので、それは差別の温床になるといった批判です。

一方で、「積極的自由」から「消極的自由」への批判としては、人は学ぶことによって、知識や倫理観を身につけ、その結果として自分の行動に責任を持つことができる。知識や技術が身についていない状況で、いかに自由に振る舞っていると自分では思っていても、それは単に「本能の奴隷」、つまり不自由なことに気がついていないというのです。また人々に責任感が欠如していれば、それぞれが好き勝手に自由に行動してしまい、秩序や常識が存在しない混乱した社会となってしまいます。

消極的自由と積極的自由

①消極的自由
自分の思想や行動が、他人や組織によって干渉されないこと

- 生まれながら所持

  権力からの解放
  価値観からの解放
  ありのままの自分

②積極的自由
自分の思想や行動が、自分の欲望に流されることがないこと

- 学習によって習得

  責任感
  自律心
  向上心

今回は、マスク着用の問題から「2つの自由」という考え方まで思考を進めることができました。これから、自由と秩序が衝突する問題に出合った時には、ぜひこの「消極的自由」と「積極的自由」という考え方を活用してみてください。

テーマ2 行為の善悪はどこで決まるか？

資料❶

ものすごい勢いで家の玄関のドアが開き、男が突然、家に入ってきた。父親だった。

殺し屋に追いかけられていて、逃げていると言う。顔は必死の形相だった。

「ここにいることは絶対に言ってはダメだぞ」

父はそう言うと、2階に駆け上がっていった。

少しすると殺し屋がやって来た。彼は私に尋ねた。

「キミのお父さんは今家にいる？」

私は答えた。

「父は2階にいますよ」

その殺し屋は家に入り、階段を上がっていった。

父は、私が子どものころから、「ウソをついてはいけないよ。人間、正直が一番大切だ」

とくり返し教えてくれた。

①自分の考えをチェックする

これは奇妙な話ですが、どうしてこのような話を紹介したのかは後でお話しします。まず、資料❶を読んで、どう思ったか自分の直感を確認しましょう。

・殺し屋に父の居場所を教えるなんて信じられない！
・バカ正直すぎる
・「ウソも方便」を知らないのか　など

ほとんどの人はこのように思うでしょう。

ドイツにイマヌエル・カントという有名な哲学者がいました。カントが主張していたことの1つに、「人は決してウソをついてはならない」というものがあります。

このカントの主張に対して、あるフランスの哲学者が「そんなことはあり得ない」と反論しました。資料❶は、そのフランスの哲学者がカントに投げかけた反論を少しアレンジしたものです。

たしかに、ここで父親の居場所を教える息子を、「正直で正しい」と思う人はいないでしょう。こういうのを「バカ正直」と言って、融通の利かない愚かな行為と感じる人が大半かと思います。しかし、カントによればこうした状況でもウソをついてはならないというのです。

では、なぜカントは、ここまでかたくなに「人は決してウソをついてはならない」と主張したのでしょうか。

実際にカントが述べていることに沿って説明をします。

カントは、子どもが殺し屋に「父が家にいる」と答えたとしても、必ず父が殺されるわけではなく、助かることもあると言います。たとえば、殺し屋が家に押し入ったとしても、父は気づかれずに外に逃げ出しているかもしれないし、また殺し屋が父を探している間に駆けつけた隣人によって取り押さえられることもあるかもしれません。

逆に、ウソを言うことで必ず父が助かるともかぎりません。子どもが「父は家には逃げ込んではいない」とウソをつき、殺し屋が立ち去ろうとした時、子どもが気づかないうちに外へ出ていた父と鉢合わせになって犯行が行われてしまう可能性もゼロではありません。

要するに、真実を言うにしろウソをつくにしろ、その結果、父にどのような損得が及ぶかということは予測できないことであり、それはただの偶然に左右される問題だとカントは考えているわけです。

このカントの説明は単なる屁理屈に聞こえるかもしれません。しかし重要なのは、カントが何を一番大切に考えていたのかです。カントは、「ある行いが善か悪か、もしくは正しいのか正しくないのかを決めるのは、その行いをした人の心のありようによって決まる」と明言したのです。

逆を言えば、「行為の結果から善悪是非が決定してはならない」としたわけです。ある行為が、たとえ悪い結果になったとしても、それが「正しいことを言う」という良い動機で行われたのならば正しく、たとえ良い結果になったとしても、それが「ウソをつく」といった悪い動機で行われれば、それは間違っているというわけです。

なぜなら、しょせん結果というのは、多くの要素が複合的にからみ合った偶然性によることが多いからです。

偶然を自分で完璧にコントロールすることはできません。しかし自分の心のありようはコントロールすることができます。すべての人が偶然に左右される結果に一喜一憂するのではなく、行為を行う際の心のありように目を向けるべきであり、そこにしか真実はないとしたのです。

つまり、カントは「**心**」と「**行為の結果**」とを分けて考えたのです。こうしたカントの考え方を「**普遍主義**」と言います。この世には確たる普遍の価値が存在しているという考えです。それは時と場所、もしくは場合によって左右されるものではなく、どんな時でもどんな場所でも、どんな場合でも適用される世の中の真理といったものです。

たしかに 資料① のような状況で、正直に親の場所を教えることは非常識に見えます。しかし社会全体から見れば、「ウソをつかない」ということを徹底した方がいい社会になると、カントは考えたわけです。

②自分の考えと異なる立場から見てみる

とは言ってもやはり、「父親を守るためには殺し屋に対して本当のこと言うべきではない」というのが、常識的な判断だと思います。普遍的な道徳基準と、日常生活における感覚的な判断というものが異なることがあり得るということです。

この立場では、先ほどの普遍主義とは逆で、時処位、つまり時（時間）と処（場所）と位（立場）に応じて真実は異なるということです。したがって状況によってはウソも許される、**「ウソも方便」**ということになります。

「ウソも方便」の「方便」とは、仏教で仏が衆生（生命あるすべてのもの）を悟りに導くために用いる手だてを言います。仏教でウソは「不妄語戒《ふもうごかい》」といって、良くないこととされています。しかし、相手や将来のことを考えて、物事を円滑に運ぶためには、時と場合によってはウソも許されるというのが、「ウソも方便」という考え方です。

大事なのは結果であり、目的が達せられれば途中経過のところにはウソが交じっても構わないということです。

たとえば子どもに必要な注射を打たせたくとも、どうしても嫌がって家から動こうとしないとします。そこで、「今からケーキを食べに行こう」と言って連れ出し、そのまま病院で注射を打ち、その後でケーキを食べる。結果として、注射を打ってもらい子どもの熱が下がるならば、何も問題ないどころか、正しいということです。

さて、ここで孔子の『論語』にある話を紹介しましょう。

資料②

葉公《しょうこう》が先生にこういわれた。

「私の郷里には〈直〉そのものといっていい男がいまして、父親が羊を盗んだのを隠さずに証言したほどです。」

先生はこういわれた。

「私の郷里でいう〈直〉、まっすぐというのは、それとはちがいます。父は子のために隠し、子は父のために隠します。〈まっ直《すぐ》〉ということの真の意味は、こうした自然の人情の中にあるのではないでしょうか。」

〔齋藤孝『現代語訳　論語』〕

ここの「先生」とは、儒教の開祖である孔子のことです。罪を犯した父を、親だからといって見逃さずに証言したという〝正直者〟に対して、それは決して〝まっ直〟とは言えず、むしろ親や子をかばいかくまうことこそが〝まっ直〟であると孔子は言っています。

資料❷を読んで、どう思いましたか？

・父親でも罪を犯したら裁かれなければいけない
・父親の罪をかばおう、隠そうとする子の気持ちは理解できる
・父親をかばうことこそが本当の「正直」という孔子の考え方には違和感がある　など

資料❷になると、資料❶よりも意見が分かれるのではないでしょうか。

私の名前も「孝」ですが、日本でも親孝行は大事と教えられて育ちます。そもそも、自分の親への思いというのは、人から教えられなくても自然と涵養《かんよう》されていくものでしょう（「毒親」などはもちろん例外です）。

だから、社会のルールを守ることはもちろん大事ですが、それ以上に親子の情愛を大切にすべき、親のためならば社会のルールに反してもウソをつくべき、という孔子の主張に納得する人も多いでしょう。

資料❷は**「親子関係」**というのがポイントです。たとえば、これが他人だったらどうでしょうか。孔子も羊を盗んだのが他人だったら、警察に突き出した方がいいと考えると

思います。それが親子関係にかぎっては隠すことが〝まっ直〟であると言うのです。親と他人は完全に違うという考えです。

親であっても法を犯したことが明確ならば、しっかりと公のルールに則って裁きを受けるように導くべきだという意見もあると思います。つまり、親であっても、いや親だからこそ、証言することが、相手のことを本当に思うことになるというものです。

子どもの場合はどうでしょうか。たとえば、子どもが覚せい剤をやっているらしいと思っても、確たる証拠がなければすぐに警察に突き出せるでしょうか。恋人ではどうでしょうか。彼氏もしくは彼女が覚せい剤をやっていて、たとえ現場を目撃したとしても、すぐに通報できるでしょうか。かなりの葛藤があると思います。

家族ではなくて、親しい人ではどうでしょうか。たとえば、同僚が会社の飲み会の会計をごまかして利益を得ていたとか、友人が万引するのを見た、といったケースではどうするでしょうか。

先ほど紹介した普遍主義によれば、罪を犯してはならない、ズルをしてはならない、何よりもウソをついてはならないということですから、こうした行為はすぐに警察や先生や上司に言うことが正しいということになります。

しかし、そのことによって親子関係が壊れたり、恋人と別れることになったり、友人関係が壊れてその後いじめられるとか、いろいろな可能性を考え合わせた時に、あえて言わないで目をつぶるという選択をしてしまう人もいるのではないでしょうか。

さらに社会人ですと組織を守るために、上司がやったことを部下が罪をかぶって守るというケースもあるでしょう。上司から指示されたことが明らかに法に反している場合でも、会社のために行わなければならないこともあるかもしれません。政治家の場合ですと、罪を秘書がかぶるのが当たり前という悪しき慣習がある気がします。

このように考えると、「組織の論理」と「普遍主義」のどちらの考え方にもとづいて行動すべきか、というジレンマに悩む人は結構いるように思います。

アメリカには、組織の不正を告発する者を報復から保護するための証人保護プログラムというのがあります。訴えた組織から復讐を受けないように、違う身分を与えたり、違う場所に住まわせたりすることで、身柄を安定させるわけです。日本でもたとえば内部告発において、告発した人の権利や身柄がかなり守られるようになってきています。

こう考えると、他人の不正をただすのは、理念としては正しいとしても、実際にそれを実行するとなると、なかなか簡単ではないことが分かります。

て喪に服すというもので、この間は一切の仕事から身を引き、墓を守って最低限の生活をします。

なぜなら喪中はその悲しみから、「ものを食ってもうまくなく、音楽を聞いても楽しくなく、家にあっても落ち着かない」からです。

しかし、ほとんどの日本人は孔子に「仁に欠ける」と言われた宰我の考えに同意するのではないでしょうか。日本にも古くから儒教の思想が入ってきており、特に江戸時代には官学にまでなりましたが、実はこの「３年の喪」は採用しませんでした。

もちろん喪中という考えは取り入れ、それは今でも続いていて、喪中の場合は、新年の挨拶を控えたりします。それでも親が亡くなったからといって、３年の喪中休暇はさすがに認められないでしょう。

しかし、儒教において「３年の喪」は絶対でした。それは儒教においては「孝」という価値が絶対だからです。儒教では「孝」はさまざまある徳目の１つではありませんし、時には善悪是非すらも超えたところにありました。だから資料❷では、社会のルールに反しても、躊躇《ちゅうちょ》なく親をかばうのです。

日本人にとっても、たしかに「孝」は大切にするべきものです。もちろん個人差はあると思いますが、あくまで他人への思いやりや友情、遵法精神といった美徳のうちの１つにすぎないのではないでしょうか。親の死に目に会えなくても、仕事に打ち込んだことの方が美談として語られるということは、時に私的な「孝」よりも公的な「忠」の方が重要視されるということです。しかし、儒教においては「孝」は他の何かと比較できるものではないのです。

儒教における「孝」という考え方

資料❷を考えるうえで知っておいてほしいのは、儒教における「孝」、つまり親に対する思いについてです。『論語』に次のような一節があります。場面は、孔子の門人である宰我《さいが》が、親が亡くなった時に3年間も喪に服するのは長すぎるので、1年ぐらいがちょうどいいのではないかと孔子に質問したというやり取りです。


先生はいわれた。

「1年経ったなら、美味いものを食い、いい着物を着ても、おまえ自身は平気なのかね。」

「はい。平気です。」

「おまえが平気ならそれでいいだろう。喪に服しているときというのは、君子は、ものを食ってもうまくなく、音楽を聞いても楽しくなく、家にあっても落ち着かない。だから、そうしないのだ。おまえが平気だというなら、お前自身はそれでよいだろう。」

宰我が退出したあと、先生はいわれた。

「予《よ》（宰我）は仁（人の情）に欠けるやつだね。子どもは生まれてから3年、父母の懐にある。だから、天下で行われている親の喪も3年なのだ。予だって3年間、父母の懐で愛情を受けていただろうに。」


ここで孔子が述べている「3年の喪」は、儒教では決して譲れないものです。これは親が亡くなった時、子どもは足かけ3年にわたっ

③あらためて自分の考えを見直してみる

そこで、あらためて資料①を考えると、これは極端な例ではありますけれども、「ウソをついてはいけない」ということの是非を突き詰めて考えるには分かりやすい例です。かたや資料②では、論語の考え方では自分の親への「孝」という価値観が何より大切であり、「ウソをついてはいけない」という価値観よりも上位であるということでした。

では、ここで資料③を考えてみましょう。

資料③

刑法199条　人ヲ殺シタル者ハ死刑又ハ無期若《も》クハ三年以上ノ懲役ニ処ス
刑法200条　自己又ハ配偶者ノ直系尊属ヲ殺シタル者ハ死刑又ハ無期懲役ニ処ス
刑法200条の立法目的は、尊属を卑属またはその配偶者が殺害することをもって一般に高度の社会的道義的非難に値するものとし、かかる所為《しょい》を通常の殺人の場合より厳重に処罰し、もって特に強くこれを禁圧しようとするにあるものと解される。

ところで、およそ、親族は、婚姻と血縁とを主たる基盤とし、互いに自然的な敬愛と親密の情によって結ばれていると同時に、その間おのずから長幼の別や責任の分担に伴う一定の秩序が存し、通常、卑属は父母、祖父母等の直系尊属により養育されて成人するのみならず、尊属は、社会的にも卑属の所為につき法律上、道義上の責任を負うのであって、尊属に対する尊重報恩は、社会生活上の基本的道義というべく、このような自然的情愛ないし普遍的倫理の維持は、刑法上の保護に値するものといわなければならない。

しかるに、自己または配偶者の直系尊属を殺害するがごとき行為はかかる結合の破壊であって、それ自体人倫の大本に反し、かかる行為をあえてした者の背倫理性は特に重い非難に値するということができる。（後略）

〔尊属殺重罰規定違憲判決／最高裁判所昭和45年（あ）第1310号／昭和48年4月4日大法廷判決〕

日本の刑法には1995年まで、自分の親を殺すことは他人を殺すよりも罪が重いことを示す刑法200条がありました。「尊属殺重罰規定」と呼ばれるものです。「直系」とは、直接的に親子関係でつながる家系のことで、「尊属」とは自分より前の世代の人のこと、「卑属」とは自分より後の世代の人のことを指します。つまり、「直系尊属」とは父母や祖父母、「直系卑属」とは子や孫のことになります。

刑法200条の条文を見ていただければ分かるように、1973年当時までは、親殺しは死刑か無期懲役しかありませんでした。

ところがこの刑法は、「すべて国民は、法の下に平等であって、人種、信条、性別、社会的身分又は門地により、政治的、経済的又は社会的関係において、差別されない」という憲法14条に違反するとして、現在は削除されています。

法の裁きにおいて、どんな肌の色であっても、どんな宗教を信仰していても、どんな性別であっても、ましてや最近話題になった〝上級国民〟であったとしても、その点が考慮されて殺人に関する判決に違いがあってはならない、というのはみなさん納得できると思います。

その延長で、たとえ殺した相手が親であったとしても、それで刑が重くなったりしてはならないというのが、刑法200条が削除された理由です。

資料❸は、この刑法200条が違憲かどうかを問う最高裁判所大法廷の判決文で、この条文のそもそもの立法目的について述べた部分です。文章は専門用語も使われているので読みづらいと思いますが、要は、親子はお互いに自然的な敬愛と親密の情によって結ばれていて、それは刑法上の保護に値するが、親殺しはそういった関係を破壊するものなので罰が重いのは当然であるということです。最高裁判決も、この立法目的自体は否定していません。

実は、この刑法200条が廃止になった発端は、栃木県で1968年に起こった殺人事件でした。この事件は、当時20代だった娘が実の父親を絞殺したものでした。しかし、娘の境遇はあまりにも悲惨でした。娘は10代の時から父親に性的暴行を受けており、しかもその実父との間に5人の子をもうけていました。やがて娘に結婚相手が現れると、父親は激怒して娘を監禁し、暴行しました。そこで思いつめた娘はついに父親を殺害して自首したのです。

このように被告人である娘に同情すべき状況が多いにもかかわらず、刑法200条を適用するならば、事情を最大限に考慮し刑を減軽しても執行猶予にすることができませんでした。そうしたことから、その後、最高裁判所が刑法200条を憲法14条（法の下の平等）に反しているとして、無効としたわけです。

この資料3が私たちに問いかけているのは、「公のルールとはどうあるべきか」という問いとも言えます。そこで重要なのは、やはり**公平性・平等性**であることは明白です。社会的地位の高い人だからといって刑が軽くなったり、人種によって刑が重くなったりしては決してなりません。王様でも貴族でも農民でも奴隷でも、すべての立場の人を同じ人間としてあつかうということが、法の原則です。これはどんな人でも同意できる絶対的な正しさのように感じます。

そう考えると、資料1についてカントが示した普遍的な価値にもとづいた判断の方が適切なように思えます。また、資料2については、親であっても罪は罪、ということになり、孔子の考え方は正しくないということになります。

しかし一方で、たとえば次のような2つの場合も、殺人としてはまったく同一のものとみなすことになります。

・親に虐待された子どもが空腹のあまり食べ物を得るために店に強盗に入り、間違って

店主を殺してしまった
・プロの強盗が金品強奪のために意図的に店主を殺した

この2つが殺人として同一視されるのは、やはりどこか釈然としません。
では、もう1つ、別の資料をご紹介しましょう。これは子どもを殺してしまった親の事件についてです。

資料❹

自宅で長男を刺殺したとして、殺人罪に問われたA被告（76）の裁判員裁判の第2回公判が12日、東京地裁で開かれ、被告人質問が行われた。A被告は「主治医にアドバイスを求めるべきだった。息子にはつらい人生を送らせてかわいそうに思っている」と述べた。

A被告は、発達障害だった長男のB＝当時（44）＝が苦手なごみの片づけをするために、月に1回程度、1人暮らしの家を訪れたと説明。就職氷河期と重なるなどして就職先が見つからなかったBさんに、製パンやアニメの学校に通わせたほか、「生きがいを持たせたい」とコミックマーケットへの出品を勧め、会場で売り子として手伝ったこともあったという。

ただBさんが自宅に戻った今年5月、A被告に暴力を振るってから2人の関係に変化が生じた。

A被告は、Bさんから事件当日に「殺してやる」と言われたとし、「殺されると思って無意識に包丁を取りに行った」「殺していなければ私が殺されていた」と振り返った。一方で、事件前に「ほかに方法はないと思う」とする手紙を書いたことや、インターネットで「殺人罪　執行猶予」と検索した意図に関しては「記憶がない」などと説明。暴力を受けてから外部に全く相談しなかった理由を検察官に問われると「精神的なショックがあった」とうなだれた。（中略）

この日はBさんをアスペルガー症候群と診断した主治医も証人出廷。同症候群の成人患者への社会的支援が広がったのはここ数年のことで「Aさんは手掛かりのない中で（支援の）形を作り上げていったんじゃないか」と証言。A被告の妻が鬱《うつ》病で、長女が事件前に自殺していたことを明かし、「（A被告は）1対3の介護のような状況だったので燃え尽きないようにと思っていた」と述べた。

〔産経新聞2019年12月12日配信、一部改変（氏名などを伏せた）〕

この事件については、多くの意見がありました。子どもを殺さざるを得なかったという状況に対する同情、どんな状況であっても子どもを殺すことはあり得ないという反発、自分が殺されるかもしれないという状況における正当防衛の判断など、さまざまな争点が問われる事件で、ネット上でもかなり意見が分かれていました。

④物事の本質を考える

今回の資料❶〜❹については、いずれも「親子関係」というシチュエーションが共通していました。それぞれの課題について考えた時、自分の直感や意見は揺さぶられたでしょうか。それとも動かなかったでしょうか。

たとえば、資料❶の〝バカ正直〟な行為に疑いもなく嫌悪感を持っても、資料❷の「子は父のために隠します」という孔子の言葉に100％賛同することはできず、資料❸にいたっては、いかに親が大切であっても、刑法200条を復活させることには反対という人もいたでしょう。資料④についても同情の余地があるという人もいたでしょう。それぞれ、その逆の意見を持った人もいると思います。

実はこれら4つの資料は、表面上はどれも親子関係をあつかってはいますが、その主題は異なります。「孝行」という親子関係自体を問うものは資料②だけで、資料①は「正直」という価値観について、資料③と資料④は「公平」という公の秩序、法の原則を問うているのです。さらにそれぞれが問題としている領域も、資料①は「個人の内面」、資料②は「親子関係」、資料③と資料④は「社会」となります。

どれも「親子関係」という同じシチュエーションにもかかわらず、自分の直感や意見が揺れ動いたのは、実は議題としている価値観も領域も異なっていたからです。

テーマ2では、ある事例を考える時に似た事例を持ってきても、それぞれの主題が異なっている場合があるということを紹介しました。こうしたことは、直面している事例が本当は何を問題としているかを、抽象的な概念に落とし込むことで明らかにできます。これは、思考を感情に左右されることなく、論理的に考えるための第一歩です。

同じ親子関係をあつかった資料でも それぞれの主題は異なる

資料❶	殺し屋に父の居場所を正直に教える
主題	【正直】どんな状況でも決してウソをついてはいけない
領域	【個人の内面】行為の善悪是非は自分の心が決める

資料❷	父が罪を犯しても、子は父のために隠すべき
主題	【孝行】親のためなら社会のルールに反してもウソをつくべき
領域	【親子関係】親子の情愛を最も大切にすべき

資料❸	刑法200条の尊属殺重罰規定は法の下の平等に反する
主題	【公平】殺した相手が親でも、それで刑が重くなったりしてはならない
領域	【社会】公のルールは公平・平等であるべき

資料❹	親に暴力をふるうようになった子を殺した父親
主題	【公平】いかなる事情があっても人を殺してはならない
領域	【社会】公のルールは公平・平等であるべき

テーマ3　「文化の多様性」をどこまで尊重できるか？

資料❶

ベトナムでは「小さなトラ」、つまり猫の肉の料理をビールのつまみにする人が後を絶たない。猫肉食は表向きには禁止されているものの、猫を飼っている人々はペットが食材として何者かに捕獲される不安を常に抱えながら生活している。

首都ハノイ市内中心部の洗車場の隣でひっそりと営業している飲食店では、猫を溺れさせ、毛皮を剝いでから、肉を刻んでにんにくと炒め、空腹の客に提供している。「猫肉を食べる人は多い。珍味なので試してみたいんだ」と、店長は説明した。

ベトナム当局は猫をネズミ駆除に役立てるのを奨励するため、猫を食用とすることを禁止しているものの、ハノイ市内には猫肉の料理を出す飲食店が依然として数十軒ある。猫の飼い主の多くは捕獲を恐れて家の外に出さないようにしているため、路上で猫を見かけることは滅多《めった》にない。

飲食店の食材需要に対応するため、猫はタイやラオスから密輸される場合もある。太《たい》陰《いん》暦の月末に食べられることが多い犬肉とは対照的に、猫肉は太陰暦の月初に消費されるのが一般的だ。

「AFPBB News 2014年8月8日配信、一部改変（氏名を伏せた）」

①自分の考えをチェックする

資料❶はベトナムでネコの肉を食べることの是非を問うた記事ですが、読んでみてどう思いましたか?

・かわいそう
・野蛮だ
・動物虐待だ　など

多くの人はこの資料を読んで嫌悪感に似た感情を持ったのではないでしょうか。ペットとしてかわいがっている場合はもちろんのこと、そうでなくても、ネコやイヌの肉を食べることはかわいそうであり、野蛮な文化としてやめるべきだと思ったことでしょう。

実際にベトナムでもイヌやネコの肉を食べることは問題となっています。ベトナムの首都ハノイの当局は、イヌの肉を食べるのをやめるように住民に呼びかけているそうです。

イヌの肉を食べる慣行は、「文明化された近代的な首都」としての都市のイメージを損なう可能性があるという考え方です。

一方で、これはベトナムという国の持つ特有の文化として認めるべきだという人もいるでしょう。この慣習は、長年の戦争による貧困の中で、ベトナム人が生き延びるためにあらゆる物を口にしてきたという歴史的背景もあるようです。そうした過酷な背景を一切無視して、単にイヌやネコを食べる食文化は野蛮であると一方的に断じるのであれば、それはやはり問題でしょう。

②自分の考えと異なる立場から見てみる

では、「ネコを食べてはいけない」というものをエポケー（57ページ参照）する、つまり1つの先入観にすぎないとしてカッコに入れてみましょう。

次はどうしたらいいでしょうか。そこで、ここに「食文化」という観点を導入してみたいと思います。

私たち日本人は自国の食文化を当たり前と思っていますが、たとえば欧米の国々の人から見たら、そうではありません。特に日本人の鯨食は欧米から強く批判されています。

資料❷

日本政府がクジラの資源管理を担う国際捕鯨委員会（ＩＷＣ）からの脱退を発表したことを受け、海外で日本バッシングが起きている。反捕鯨国の欧米、オセアニアの主要メディアは「野蛮」「愚かな行為」と全面的に非難。ＩＷＣ総会で反捕鯨国の政府代表団から出され、クジラの捕獲を一切認めないとする同様の主張が展開されている。先入観に基づく感情的な表現やクジラを「聖なる動物」ととらえる価値観も目立ち、日本の伝統文化への理解がほとんど見られないのも特徴だ。

日本政府がＩＷＣ脱退を発表したのは昨年の12月25日。一通りの報道の後、年末年始にかけて出された欧米、オセアニアメディアの主張やコラムには強い表現での日本非難が相次いだ。

米紙ニューヨーク・タイムズ（ＮＹＴ）は「日本はクジラの虐殺をやめよ」とする社説を掲載し、「雄大な生き物を殺す正当性は商業的にも、文化的にも、科学的にも一切ない」とし、日本の姿勢を根底から批判している。ＩＷＣが１９８６年に発効した商業捕鯨モラトリアム（一時停止）の後、日本が南極海などで続けてきた調査捕鯨について、社説は「科学的調査を行っていたのは神話だった」などと指摘。「（日本は）自身を海賊捕鯨国と宣言した」とする反捕鯨団体シー・シェパードの声明を取り入れ、説を補強している。

反捕鯨国では調査捕鯨の実施について、日本がＩＷＣ枠内での正当なルールであり、科学的正当性を持つと主張しても、「偽の商業捕鯨」であるという世論が固定化してしまっている。

［産経新聞２０１９年１月17日配信］

資料❷を読んで、どう思いましたか？

・鯨食は日本の文化
・他国から抗議される筋合いはない
・オーストラリアだってカンガルーを食べている　など

私は小学生の時にクジラの肉を食べていました。昭和40年代当時はちょっとした「ごちそう」で、おいしいと思って食べていた記憶があります。しかし、日本ではクジラを食べる習慣は年々薄れてきています。若い人だと鯨肉を食べたことがないかもしれません。

日本には、クジラの肉を食べるだけではなく、その脂《あぶら》も使い、髭や歯も工芸品や日用品に加工するなど、いろいろな形でクジラを文化として定着させてきた歴史があります。それについて、他国から一方的に「日本はクジラの虐殺をやめよ」と言われるのは、納得がいかないでしょう。

しかし、そうであるならば、日本人の鯨食と、ベトナム人の猫食の何が違うのでしょうか。どちらも同じ哺乳類ですし、私たちはクジラをおいしいと言って食べてきたにもかかわらず、ネコに関しては「残酷だ」というのは矛盾するのではないでしょうか。

欧米の人たちだって、果たして日本人を批判できるでしょうか。哺乳類の肉を食べるということで言えば、ウシ、ブタだけでなく、ヒツジも食べます。オーストラリアではカンガルーも食べられています。また仔牛や、子羊の肉を使うことを特徴としたフランス料理もあります。

そうであるならば、子どものウシやヒツジの肉はいいけど、ネコの肉は残酷であるという違いはどこから出てくるのでしょうか。子どもの肉でなければこの味を出すことはできないと言って食べるのは残酷の極みではないかという考え方もあるわけです。

ペットかどうかということでしょうか。ペットは家族であるという考えが浸透してきました。家族の一員だからペットは食べないという意見には、大いに同意できるでしょう。

では、ペットではない野生のネコならどうなのでしょうか。あるいは、逃げ出して誰のものか分からないような野良ネコだったらどうなのでしょうか。「野良ネコならいい」とはならないのではないでしょうか。

少し話題が変わりますが、2021年5月に横浜で、飼われていたアミメニシキヘビが逃げ出したというニュースがありました。幸い無事捕獲されましたが、**もしもそのニシキヘビを誰かが見つけて、他の人に害をおよぼしてはならないと思って殺したとしたら、みなさんはどう感じますか？**

それはたしかに誰かのペットだった動物ですが、「まぁ、仕方がないかな」と思う人も多いのではないでしょうか。

私はヘビがとても苦手でして、テレビのコメンテーターとして出演した時には、このニシキヘビが逃げ出したニュースの映像を見ることができなかったくらいでした。「どこのどいつがニシキヘビなんかを飼っているのだ」、さらには、「どうして逃がしたんだ」という不快感と怒りを覚えました。

しかし、もし逃げ出したのがイヌであり、そのイヌを勝手に殺したら大問題になるでしょう。飼い主はもちろん激怒しますし、世間も強い怒りを感じるでしょう。

では、この分かれ目は、どこから来ているのでしょうか。

ペットとして一般的かどうかというのはあるかもしれません。イヌ、ネコは多くの人が飼っていてかわいさを共感できるけれども、ヘビは一般的とは言えず、そのかわいさを共有できる人もかぎられるでしょう。

では、逃げ出したペットがアライグマだったとしたらどうでしょうか？

アライグマもペットとしては決して一般的とは言えませんが、アライグマを殺すのはかわいそうだと感じる人は多いのではないでしょうか。

ところが実はアライグマはかなり気性が荒く、攻撃性が高い動物なのです。牙や爪も鋭く嚙《か》む力も強いため、咬《か》まれてしまったら大ケガをしてしまいます。さすがに毒はありませんが、ヘビよりも素早いことを考えると、人に害を与える可能性ははるかに高いかもしれません。

こうなってくると、かわいそうに思うか思わないかの境界は、単なる見た目の印象ということになってしまいます。つまり、**バイアス**です。

そういう意味では、ニシキヘビを飼っている人は先入観にとらわれず、ヘビに深い愛着を持っている人と言えるでしょう。

また外見がかわいいと言えばウサギがいます。ウサギを飼っている人は結構いますよね。私の近所にもいて、その人は散歩にも連れ出しています。


では、「ウサギを食べる国がある」と聞いたらどうでしょうか？


きっとみなさん、「ウサギを食べるなんてかわいそう」と思うでしょう。しかし、実はウサギの肉を食べることは、世界的には多く見られる文化です。ヨーロッパでは、貴族の伝統料理として古くから発展してきた「ジビエ」という食文化があります。ジビエとは、狩猟で得た天然の野生鳥獣の食肉を意味するフランス語で、野ウサギ以外にも、シカ、イノシシ、キジ、クマなどが食べられています。ちなみにこれらの肉は日本でも以前から食べられています。

このように考えを進めていくと、イヌやネコを食べると聞いた時の不快感や怒り、かわいそうという感情の範囲が、いかに曖昧《あいまい》かということが分かるかと思われます。そして、「そもそもどんな動物であろうと、食べるということは究極の動物虐待ではないか」という問いが浮かんできてもおかしくないわけです。

③あらためて自分の考えを見直してみる

童話作家としても知られる宮沢賢治に「ビジテリアン大祭」という童話があります。この「ビジテリアン」は今の言葉として発音すれば「ベジタリアン」ということであり、文字通り「菜食主義」を主題としています。ある島に世界中から菜食主義者たちが集まり、そこに反菜食主義者たちも入り込み、大論争が展開されるという話です。

たとえば、菜食主義に反対する人が、「植物系のタンパク質や脂肪は、実は動物性のものよりも消化しづらく、病人や老人、子どもの健康にはよくない」と非難すれば、菜食主義者は、「たしかに消化効率は悪いが、健康上の問題はなく、病人といった医学的に難しい人にまで無理強いしようとは思わない」と回答します。

また同じく菜食主義に反対する人が、「世界の食物の半分は動物で、半分は植物です。したがって動物を食べなければ半分の食物がなくなるわけだから、食料不足になり飢餓におちいってしまう」と批判すると、菜食主義者は、「むしろ家畜が消費する穀物類が人に回るため、かえって飢餓が解消する」と答えています。

特に私が注目したいのは、菜食主義反対派の次のような主張です。

「動物も植物も生き物としては同じであり、生き物としては同じ存在として生きていることが自然の状態である。したがって、動物だけをかわいそうと思うのはおかしい」

「この世の中にあるものはすべて神が創造したもので、すべてが善である。したがって神の前では、動物も植物も分け隔てない存在であり、どちらかを特別視するのはおかしい」

「自然」や「神」の前では、動物と植物は同じ生き物として同類で、どちらかを食べて、どちらかを食べないというのはおかしいという批判です。「動物と植物との間には確たる境界がない」ということです。

この批判に対して菜食主義者は、たしかに動物も植物も同じかもしれないが、その理屈で言えば、40歳の人が政治家を志すように、生まれたばかりの赤ん坊も同じく志すことができることになる。また小学校1年生で語学の基礎を学ぶのに、大学でその応用を学ぶのは、違いがあっておかしいということになってしまう。つまり**安易な同一化や平等**を批判し、「ちがっていますからどうにも仕方がないのです」と主張します。

そして最後に、この話の主人公とも言える「私」が、植物と動物はもちろん、人間も同じ生き物であるがゆえに菜食主義者であるべきだと主張します。なぜなら1つの魂は時には人として生まれ、時には動物として生まれる。その命の循環の中で私たちは生きており、したがって、私たちの周りの生き物は「みな永い間の親子兄弟」となる。そう考えるならば、どうして肉食になれようかと述べます。

賢治は熱心な仏教信者であり、彼自身が菜食主義者であったことから、このセリフはおそらく作者の本音だったと思います。

有名な「よだかの星」という童話でも賢治は、他の生き物を殺して食べることで生きているということを、人が持つ恐ろしい業《ごう》だととらえています。

〝よだか〟は、美しい〝はち雀〟や〝かわせみ〟の兄でありながら、容姿が醜く不格好であるため、鳥の仲間から嫌われ、鷹から「たか」の名前を使うなと言われてしまいます。自分は何も悪いことをしていないのに、なぜこんな目に遭うのかとよだかは悩みます。悩みを抱えたまま巣に飛んで帰っている時を賢治は次のように描写しています。

それからにわかによだかは口を大きくひらいて、はねをまっすぐに張って、まるで矢のようにそらをよこぎりました。小さな羽虫が幾匹《いくひき》も幾匹もその咽喉《のど》にはいりました。からだがつちにつくかつかないうちに、よだかはひらりとまたそらへはねあがりました。もう雲は鼠色《ねずみいろ》になり、向うの山には山焼けの火がまっ赤です。

夜だかが思い切って飛ぶときは、そらがまるで二つに切れたように思われます。一疋《ぴき》の甲虫《かぶとむし》が、夜だかの咽喉にはいって、ひどくもがきました。よだかはすぐそれを呑《の》みこみましたが、その時何だかせなかがぞっとしたように思いました。

何ひとつ悪いことはしていないと思っていたよだかですが、自分は生きるためにたくさんの虫の命を奪っていることに気づき、ついには生きることに絶望するのです。

では、私たちは全員、菜食主義になるべきでしょうか。「いや、やっぱり肉を食べたい」「欲望をそこまで制限されるのは冗談じゃない」と思う人も多いでしょう。

こうした問題もすぐに結論の出ることではありません。今回のテーマでは、まずはベトナム人がネコの肉を食べることについて、いきなり否定的にとらえるのではなく、いったん「カッコに入れ、脇に置く」ことで、思考は止まらず、先に進められるということを知っていただきたいと思います。

④物事の本質を考える

さて、今回のテーマを、「何が普通で、何が特殊なのか」という問題として考えてみましょう。イヌやネコ、そしてクジラを食べることは特殊で、ウシやブタは普通なのか。はたまた生き物を食べること自体が野蛮で特殊なのか。それとも他の命を奪うことで生きることは、業として人間が受け入れるべき普通なのか。

人の本性とは何か。人は何をもって人たらしめているのか。

アメリカの人類学者であるドナルド・E・ブラウン教授は、すべての人間が共通にもっているものは何であるかを考察しています。つまり人が人であるには何が必須要素なのかということです。当然、人種や国境を超えたところにある普遍です。全部を紹介することはできませんが、たとえばそれは次のようなものです。

〈人間〉の文化にとってきわめて重要な要素は、言語である。

〈人間〉は、顔で個人を識別する。

〈人間〉は、徹底した道具製作者である。

〈人間〉は常に、なんらかのかたちで雨露《あめつゆ》をしのいでいる。

〈人間〉は単独では生活しない。生活のすべてではないにしても、その大部分を集団で過ごす。

〈人間〉の家族は通常、母親と子どもたちを核として構成される。

〈人間〉には、社会化のパターンがある。子どもたちは、ほったらかしにされて、一人で育つわけではない。

〈人間〉は、自分の子どもや近親者と、遠い親族や親族ではない者とを区別する。そして、さまざまな場面で近親者をひいきする。

〈人間〉には、親族関係、性別、年齢にもとづいて社会的に意味のあるカテゴリーや下位集団に分かれることによって、なんらかの秩序を実現する集団もある。

〈人間〉には公的なことがあり、それには規制があり、集団全体に対して拘束力をもつ決定がなされる。

〈人間〉には、一時的、あるいは特定の状況にすぎないにしろ、指導者がいる。

〈人間〉には、法がある。少なくとも、永続的な社会単位における成員の規則や、人格や地位に付属する権利や義務といった意味で、法がある。その一つは、ある特定の状況で暴力とレイプを禁じる法律である。

〈人間〉間の争いは、自分たちが望む以上によく起こり、それに対処する慣例的な方法もある。ただし、この対処法は、完璧と言うにはほど遠い。

〈人間〉は善悪を区別する。

〈人間〉には、性的なつつしみの基準がある。

〈人間〉には、儀礼がある。

〈人間〉には、世界観――自分たちをとりまく世界や、その中での自分たちの位置の理解や概念――を初めとして、さまざまな観念がある。

〈人間〉は、確かに超自然的な考え方もするが、同時に唯物論者でもある。

〈人間〉には、踊りと音楽がある。


［ドナルド・Ｅ・ブラウン『ヒューマン・ユニヴァーサルズ』より抜粋］

読んでみていかがでしょうか。もちろんこれは一研究者による私見であり、絶対的なものではありません。異論や反論は当然あってしかるべきです。

しかしここで考えてもらいたいのは、今の世の中は、個人の個性や文化の多様性といった違いばかりが強調されて、共通のこと、普遍なこととは何かを考える機会が少ないのではないかということです。

「みんなちがって、みんないい」という言葉は、もとは詩人の金子みすゞさんの作品中の一節ですが、多様性を表す言葉としてよく使われます。私もこれには異論はありません。

しかし、「違う」ということだけを良しとすると思考停止におちいります。「違い」とは、「普通」との距離感で決まるものであり、その差異こそが考える対象だからです。

「普通」と「特殊」というのは対立しているものではなく、「特殊」は「普通」を前提にしています。ネコやクジラ、ひいては動物全般を食べることを「特殊」で野蛮とするならば、何が人にとって「普通」なのかについても、もっと突き詰めて考える必要があるのです。

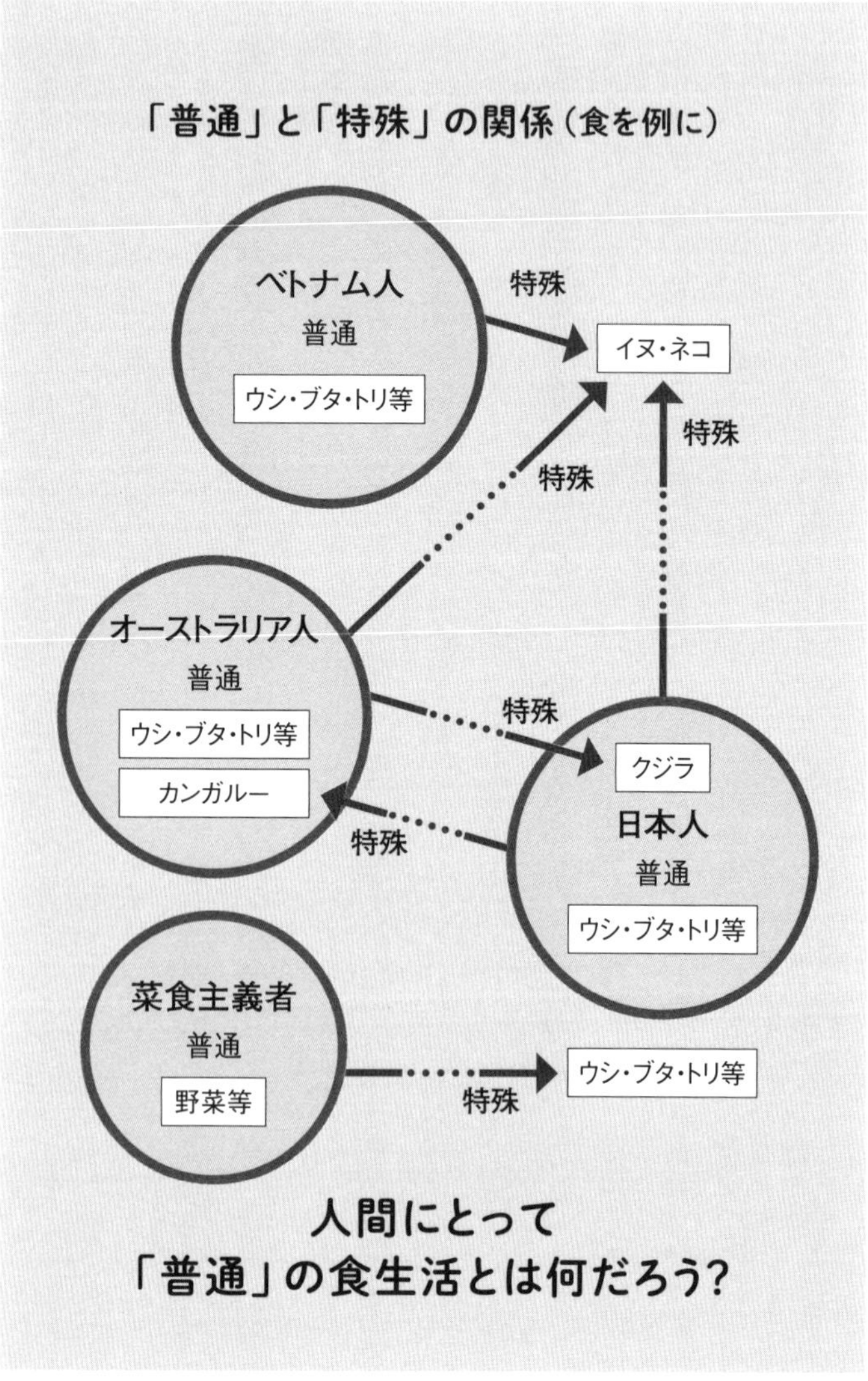
「普通」と「特殊」の関係（食を例に）
ベトナム人
普通
ウシ・ブタ・トリ等
特殊
イヌ・ネコ
特殊
特殊
オーストラリア人
普通
ウシ・ブタ・トリ等
カンガルー
特殊
クジラ
特殊
日本人
普通
ウシ・ブタ・トリ等
菜食主義者
普通
野菜等
特殊
ウシ・ブタ・トリ等
人間にとって
「普通」の食生活とは何だろう？

テーマ4　「自分にとって大切なもの」は何か？

資料❶

「んな、集団移転して借金をどうやって払ってくんだ」。10月下旬、岩手県大船渡市の70代の漁師は自宅の目の前の青々とした海を見つめながらつぶやく。東日本大震災の津波で2階建ての家は半壊したが、市の集団移転の計画策定を待たずに7月に自宅の改修を終えた。新たに倉庫も新築して、妻と息子と3人で暮らす。

自宅は15メートルほどの高台にあり、1960年のチリ地震による津波の被害はなかったが、3月11日は1メートル以上の津波が押し寄せた。近くの丘を駆け上って無事だったが、「怖さは今でも思い出す」という。それにもかかわらず、浸水地域に住み続ける理由を尋ねた時に指したのは自宅の隣の倉庫の中。漁具の網が目に入った。ワカメやホタテを養殖していたが、船も養殖に必要な道具の大半も流され、「廃業だ」とぽつり。

集団移転は市町村が移転する住民の宅地を買い上げて、高台などに移転先の土地を取得。新たな宅地に造成して住民に貸し出し、住民は家屋の再建費用を負担することになる。再建費用が元の宅地の買い上げ額を上回ると、自己負担が生じかねない。

大船渡市内では海岸そばで自宅が完全に津波に流されたが、同じ場所に自宅を新築した一人暮らしの無職の女性（80）もいる。50年間住み続けた古里で、近くの裏山などに友人がおり、「今さら移転しても、話す人がいないし寂しい」。（中略）

市は津波が浸水した場所での建築の自粛を求めている。中には「なぜ危険な地域にまた住むのか理解に苦しむ」とこぼす職員もいる。

［日本経済新聞2011年11月9日配信］

①自分の考えをチェックする

資料❶は、２０１１年3月11日に起こった東日本大震災から約8か月後の記事で、まだ被害の爪あとも生々しい時期のものです。さて、この資料を読んで、どう思いましたか？

・やはり高台に引っ越した方がいいと思う
・自己責任で住むのならいいのではないか
・もしもまた津波が来たら死んでしまうかもしれない　など

この資料は、津波で流されたところに再び住みたいという人がいた場合、私たちはどう対応すべきなのかということを考えさせられます。

読んだ時に最初に感じた思いはどのようなものでしたでしょうか。

最後に出てくる職員のように、なぜまた津波の被害に遭うかもしれない地域に住むのか「理解に苦しむ」と感じた人もいるでしょう。公務員としては、地域住民を守る責任があ

ります し、そのためには安全な場所に引っ越してほしいと願うのは理解できます。

一方で、この人たちの気持ちがよく理解できるという人もいるでしょう。多少危険が高くても、住み慣れた場所や親しい人たちがいるところで暮らしたいと思うのは普通のことです。日本では、人はどんな場所にも住むことができ、また引っ越すこともできる自由と権利があります。

この資料の人のように、この場所にいることで、自分は自分らしくいられると考える人もいます。その場合、自分の生まれ育った土地と一体化して、そこでアイデンティティが形成されているということになります。そのために、そこから離れるということは自分を失うことをも意味し、ここから引き離されるくらいだったら死んだ方がましだと考える人もいるわけです。

この資料が私たちに問いかけるものは、「自分はどのような価値を大切にしているのか」ということです。言い換えると、その人の「アイデンティティとは何か」ということになります。自分とは何か、自分らしさとは何かということも含めて、自分にとって欠くことのできない、かけがえのないものがアイデンティティ（存在証明）となります。

これは「自分が〝自分らしくいる〟のはどのような場合か」という問いとも言えます。

どのような時に、自分はもっとも自分らしいのでしょうか。1人でのびのびと好きなことをやっている時でしょうか。それとも自分の好きな人、たとえば恋人や妻、子どもといっしょにいる時でしょうか。仕事や趣味に打ち込んでいる時でしょうか。

どこに住むかを大切にする人もいれば、旅に出ている時が、もっとも自分らしくいられると言う人もいます。普段の生活では、いろいろなしがらみにしばりつけられ、気をつかうばかりで自分を解放することができない。だから旅行に出ている時こそが、本来の自分でいられると言う人もいるでしょう。

また「信仰」を大切にする敬虔な信者にとっては、自分が信じている神様を想い、祈りを捧げている時こそもっとも自分らしくいられる瞬間です。信仰しているという行為に、自分のアイデンティティがあるということです。

宗教は理解できなくても、本当に好きなことに没頭している時こそ自分らしいという感覚には、共感する人は多いでしょう。最近、「推し」という言葉が一般的になっています。もともとアイドル文化から出てきた言葉だと思いますが、心から好きで、応援したい、人にすすめたい対象に対して抱く気持ちを表したものです。アイドルだけにとどまらず、アニメや漫画、ゲーム、他にも、歴史や鉄道、スポーツ選手にも使われるようになっています。そうした「推し活」をしている人にとって、対象に没入している時こそ自分らしいと感じていることでしょう。

②自分の考えと異なる立場から見てみる

自分のアイデンティティ、つまりもっとも自分が大切にする価値観について考えてきましたが、では次に、**自分が大切にする価値観をいかに棄て去るか**ということをあえて考えてみましょう。

資料❶では、「命は大切である」「他人に迷惑をかけない」という価値にこだわりすぎると、住み続けるという決断について「理解に苦しむ」ということになります。それは他人の自由を侵害することになりかねません。

一方で、「自由が大事である」「自分自身の決定を最大限尊重すべき」という価値にこだわりすぎると、「理解に苦しむ」とこぼした職員の思いは理解できなくなります。

では、どちらが正しいのでしょうか。

ここで気をつけてほしいことは、「みんなが自分のアイデンティティに沿って行動すればそれが一番」という考え方です。危険な地域に住み続けることを決めた住民も、それに対して不満を持つ住民も、それぞれの価値観にそって意見を持ち、行動しているのだからそれで何も問題ないという態度です。

これはとても寛容で素晴らしい態度のように思われるかもしれませんが、結局、「相手のことを考える」という作業を放棄しています。自分の価値観に固執して感覚的にそれ以外を排除することも、多くの価値観を許容してすべてを受け入れることも、どちらも思考停止してしまっているのです。

③あらためて自分の考えを見直してみる

ここで「寛容」について考えてみましょう。神学者の森本あんりさんが面白いことを言っています。それは**「寛容はちっとも美徳ではない」**というものです。どういうことでしょうか？

森本さんは、「寛容」には研究者たちが「寛容のパラドックス」と言い習わしてきたいくつかの問題がまとわりついていると指摘しています。たとえば、不寛容を非難して「寛容になれ」と言うことは、「寛容の押しつけ」という不寛容になります。

また、**「寛容は常に否定的な評価を前提とする」**ということも問題点です。もともと好ましいものは寛容の対象にはなりません。寛容とは、自分が嫌いである、悪いものであると感じるものに対してのみ求められる態度だからです。そして、嫌悪という感情や印象は不寛容から生じるものです。したがって、**「寛容とは不寛容がなければ成り立たない」**ことになります。

では、あらゆるものに嫌悪の感情を抱かない状態こそが、真の寛容なのでしょうか。自分の中に確たる思想信条や善悪是非の基準が存在しなければ、嫌悪の感情も持ちようがないでしょう。しかし、果たしてそれは私たちが目指すべき人物像と言えるでしょうか。

このような「パラドックス」から、森本さんは、「寛容」を次のように定義しています。

相手をしぶしぶ認めることである。相手を是認せず、その思想や行為に否定的であり続け、できれば禁止したり抑圧したりしたいが、そうもいかないので、しかたなくその存在を認める、という態度である。

〔森本あんり『不寛容論　アメリカが生んだ「共存」の哲学』〕

寛容とはこのようなあくまで妥協的な心情、態度であることから、森本さんは「寛容はちっとも美徳ではない」と言っているのです。

寛容が美徳であるか否かという問題が示しているのは、「私たちは異なる他者、異なる価値観について、どのように振る舞うべきなのか」ということです。

2020年から、黒人差別撤廃運動のBLM（ブラック・ライブズ・マター）運動がアメリカを中心に展開されました。また新型コロナ禍が中国の武漢から始まったことから、中国人を含むアジア系の人々に対するアジアンヘイトも多くの国で問題となっています。

第1部で紹介したスタンフォード大学心理学部のジェニファー・エバーハート教授は、そうした中で人種という先天的に異なる人たちがともに生きていくためにはどのようにすればいいかを、黒人差別に焦点を当てて考察しています。

エバーハート教授は著書で「人種的平等」を実現させる2つの方向を挙げています。それは次の2つということになります。

A　ダイバーシティ：隣人とどのように違うかを認識し、その違いを尊重し合うことが必要である。違いが私たちを特別な存在にしているため、人種は大切だが、そこに優劣はない。

B　カラーブラインド：私たちはどのように違うかというよりも隣人とどのように似ているかに目を向ける必要がある。人種の違いは重要ではなくみんな同じ存在である。

「**ダイバーシティ**」は、最近よく使われる言葉です。つまり「多様性」ということで、それぞれの違いを前提とし、そこに優劣はなく相手を認め合うことで人種的平等を実現させるというものです。

一方で、「**カラーブラインド**」というのは、あまりなじみがない言葉かもしれません。ただし言葉としては聞きなれていなくても、その示唆するところは分かりやすいものです。このカラーというのは、主に肌の色についてのことです。表面的な色に違いがあっても、人は種としてまったく同じです。表面的な色や形は本質的な差異ではなく、生き物としては同じであるということを強く認識することで、人種的平等を実現させるというものです。

④物事の本質を考える

私たちが異なるアイデンティティの人に出会った時も、大きく分ければこの2つの対峙の仕方があります。それは違いを認めて互いに尊重する態度と、本質的な同質性に目を向けることです。それぞれ**図**にすると154ページのようになります。

図中の❶では、AとBを分け隔てる垣根が厳然と存在し、それを消し去ることはしません。各々が異質者としての境界線を保持しながらも、相互にその存在を認めて、独自の心情や考えを理解し合うということを表しています。

図中の❷では、AとBが1つの容器の中に入り込み、かぎりなく同じ存在としてそこにいます。それは異質というとらえ方自体が、人為的な偏見であり、それをぬぐい去ることを目的としているからです。

❶は、人の区分を明確にすることを思想の核としています。理想的社会とは、異なった存在がともに生きていることであり、お互いが異質であるがゆえに、その存在を認め合い、

ダイバーシティとカラーブラインド

❶ダイバーシティ

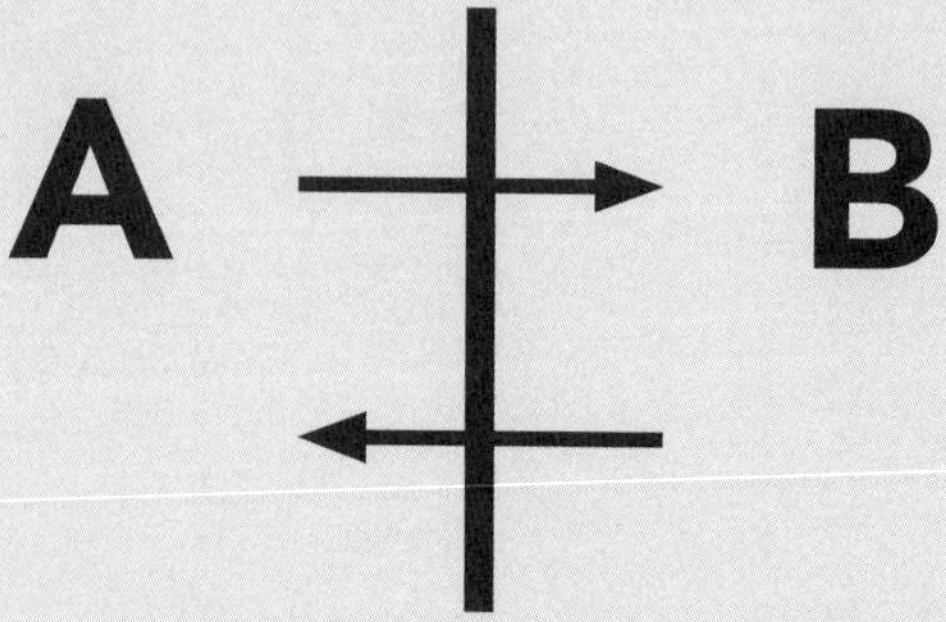

❷カラーブラインド

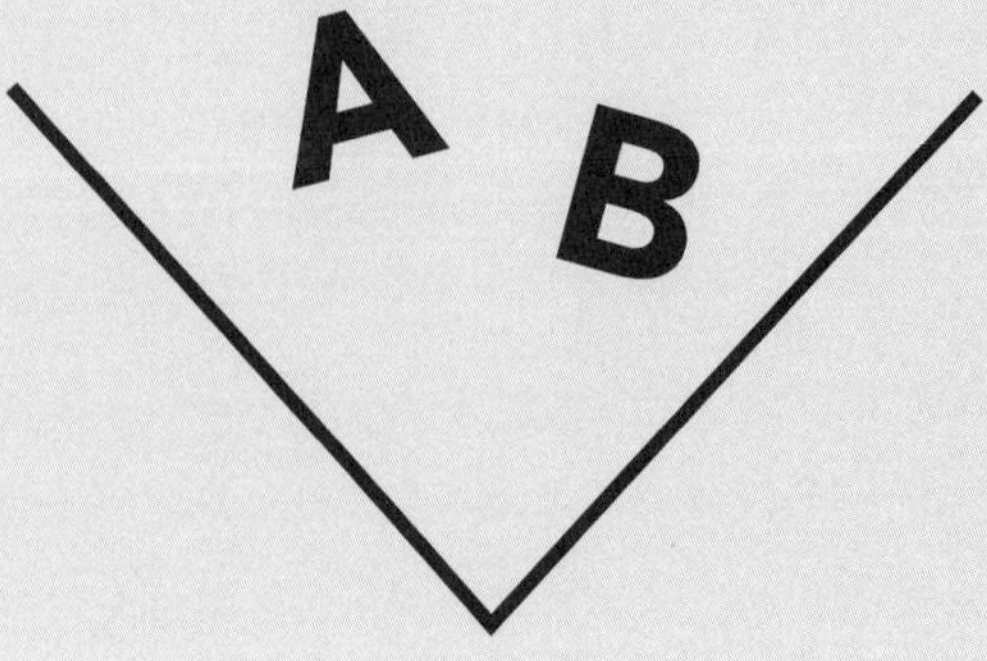

相互に理解をし、排除することなく受け入れるという行為で、これがダイバーシティという考え方です。

一方で、❷は、すべてを天にゆだねることを核としています。理想的社会とは、人が固執するあらゆる人為的価値観を消し去った状況であり、作為的な善悪是非の垣根がないがゆえに、すべてが平等で同一の存在として受け入れられるということです。これはカラーブラインドの考え方と言えます。

アメリカ社会ではこのカラーブラインドの考え方が広がっていて、学校教育でも実践が進んでいるようです。一方で、「人々が肌の色を見ないことに集中すると、差別に気づくこともできなくなるかもしれない」という懸念も示されています。

どちらの考え方が正解というわけではありません。この2つの構造がある中で、状況によって、その個性という異質性に目を向けるのか、人間という同質性に目を向けるのかを判断し続けることが重要です。

多様性についてはテーマ3でも考えましたが、それとあわせてこうした考え方を参考に、これからも他者について考え続けていただくと、今までとは違った見え方に気づくことでしょう。

テーマ5 配慮すべきなのは多数派か少数派か？

資料1

大災害が起こり、多くの死傷者が出た。

現場には、重傷の両親と心肺停止の子どもがいた。

駆けつけた救急隊は、心肺停止の子どもの蘇生措置はせず、両親を治療のために病院へ搬送した。

①自分の考えをチェックする

さて、資料①は短い文章ですが、どのような状況かはお分かりいただけると思います。
この文章を読んで、どう思われたでしょうか？

・まずは子どもを助けるべき
・手遅れの子どもはあきらめるしかない
・私ならとにかくまずは子どもの蘇生措置をお願いする　など

これは大災害が起こり、多くの死傷者が出ている現場で誰を優先して救助するかという**トリアージ**（triage）の問題です。

２０２１年７月から放映されたテレビドラマ『ＴＯＫＹＯ ＭＥＲ～走る緊急救命室～』（ＴＢＳ系）では、俳優の鈴木亮平さん演じる主人公が、事故や災害現場へと駆けつけて、たくさんの負傷者をその場で素早く診断しながらトリアージのタグをつけていくシーンが何度もありました。

トリアージというのはフランス語の「trier（選り分ける）」であり、戦場において傷病者を区分する際に用いられるようになったのが最初です。戦傷者の中から、治療をすれば再び戦場に送り出せる人を選別する行為が、このトリアージという考えの最初です。

現在では、主に災害時に使われる概念です。東日本大震災などの大地震や津波の時はもちろんのこと、ビルで火災があった時なども、近くの病院に多くの患者さんが一度に押し寄せることになります。その際に医療現場の方々が一番に考えるのは、どうしたらできるだけ多くの人を助けられるかということです。最大多数の患者に最善の治療を施すために優先順位をつけるのが、このトリアージです。

トリアージでは、被害者に次のような色分けされたタグをつけて、そのタグの色で優先順位を判断します。

赤＝今すぐ治療しないと命が危ない人（イメージ：頭の中やお腹の中で出血してる人など）
黄＝今すぐ命にかかわることはないけど、あとで手術などの治療が必要な人（イメージ：手足の骨折など）

緑＝治療が要らないか、簡単な処置で済む程度の軽症の人（イメージ：かすり傷や小さな切り傷、軽い捻挫程度の軽傷など）
黒＝既《すで》に亡くなってるか、がんばっても助けられなそうな人（イメージ：亡くなってるか、虫の息で助けるのが難しいほどの超重症など）
［日本赤十字社医療センターウェブサイトより］

このようにして患者を選別して、１人でも多くの人が助かるように処置していくのです。

②自分の考えと異なる立場から見てみる

ただしここで考えなければならないことがあります。優先順位といった時に、軽傷の人ではなく、重症の人から先に治療するというのは、みなさんすぐに理解できると思います。今すぐに治療をしないと命の危険がある人を先にして、ケガが軽い人はとりあえず待ってもらうというのは、常識的にも当たり前のことです。

難しい判断を迫られるのは、まだ息はあるけれども、かなりの高確率で助けることはできないという人をどうするかということです。その人に医療スタッフの能力や時間、薬といった限りある資源を投入するよりも、その分を他の人の治療に振り分けた方が、多くの人を救うことができるという場合です。

みなさんに考えてもらうためにあえて誇張して表現すると、トリアージの本質とは〝誰を助けないか〟の優先順位をつけることとも言えるわけです。1人を見捨てても、多くを助けようということです。

資料①で提示したのはこの問題です。救急隊が心肺停止の子どもの蘇生措置はせず、両親を治療のために搬送したことは、命の優先順位として子どもを「見捨てた」ということになります。

多くの人にとって、もう助からない人ではなく、少しでも助かる見込みのある人たちに力や物資を集中させるという理屈は、頭では理解できると思います。

しかし、感情的にはどうでしょうか。たとえば助けない優先順位の中に、自分の親や子どもが入ったらどうでしょうか。そう簡単に理屈で割り切れるものでしょうか。

資料①であげた問題は、単なる思考実験としての極端な例ではありません。このトリアージの問題は、特にコロナ禍を通じて、私たちにとって自分事として考えなければならない課題となっています。

新型コロナウイルスの検査で陽性と診断された時に、どの人は病院に受け入れられて、どの人は自宅で療養してもらうのかの選別が行われています。自宅療養と言えば聞こえはいいのですが、病院にいるよりも死ぬ確率はやはり高まります。病院にあるエクモ（体外式膜型人工肺）などの専門的で高度な装置があれば助かる命も、自宅療養だったために助からないということも現実には起こっています。

実際に私の60代の知り合いが、年齢的に病院に入ることができずに、そのまま自宅で亡くなりました。もう少し高齢だったら、病院で命を助けてもらえたかもしれません。

また逆に、ヨーロッパの例ですが、ある神父さんが「自分は高齢だから」ということで、もっと若い人に病院のベッドをゆずったというケースもありました。

ワクチン接種の問題でも同じです。全国展開している薬局チェーンの会長が、自分が早くワクチンを打てるように役所に働きかけていたということがニュースになりました。ワクチン接種の順位が、国や市に対して財政的な貢献をしている順から決められたとしたらどうでしょうか。当然、納得がいかず支持も得られないでしょう。もちろん、明らかに日本国憲法が定める「法の下の平等」に反しています。

それでは、現在行われている高齢者から優先的に接種するというのは、平等の原則からいって問題ではないのでしょうか。

先ほどのトリアージの「誰を見捨てるか」という考え方からすると、75歳以上の後期高齢者は優先順位を低くするという選択肢も考えられます。また、働きに出なくてもいい高齢者は家にいてもらい、世の中の経済活動を停滞させないために、仕事をしていて行動範囲の広い働き盛りの人たちからワクチンを打つという考え方もできます。これからの国を担う若い人の命の方が大切だから、学生や子どもから打つという考え方も当然あります。

いわゆる「上級国民」が先に接種するというのは論外としても、命の優先順位をどのようにつけるかということを考えてみると、多くの選択肢が考えられます。

③あらためて自分の考えを見直してみる

このトリアージという理論の基盤には**功利主義**という考えがあります。功利主義とは、

19世紀前半に活躍した哲学者のジェレミー・ベンサムによって形作られた理論です。

功利主義をもっとも明確に表す言葉に**「最大多数の最大幸福」**というものがあります。つまり、ある行為が正しいか間違っているかは、その社会全体における幸せの総量が多くなるか否かで判断すべきという考えです。

功利主義の具体的な例としては、このトリアージがもっとも分かりやすい。1人の人を助けられなかったとしても、そのおかげで多数の人の命が救えたならば、その方が全体の幸せはたしかに大きくなるでしょう。

したがって、助かる見込みがない患者を見捨てることは、功利主義の観点からは疑いもなく正しい行為となります。

この功利主義の考えは、単純な多数決ではないのですが、今の**民主主義**の考え方に親和性が近いため、納得できる人が多いと思います。

実際にこの功利主義が生まれたのは、中世の封建主義国家において、王や貴族など少数の特権階級の人を幸せにするために、社会の多くの民衆が虐げられて、犠牲になっていたという歴史的背景があります。このような少数の特権的エリートだけが利するような社会ではなく、多くの人が幸せになれる社会こそが正しいとしたのが、この功利主義というわけです。

したがって、「最大多数の最大幸福」とともに、功利主義の特徴となるのが、**徹底した「平等」主義**です。

たとえば王様という存在は特別であり、その幸福の量も一般の人よりも大きく、重要視しなければならないとしたら、この理論は成り立ちません。そこで、どんな人でも社会の幸せを持つ単位としては平等であり、誰かの幸せを特別視したり、逆に少なく見積もったりも決してしないということになります。

功利主義の「最大多数の最大幸福」は、**少数派に支配されている多数者の側に立つ**ことを意味していました。そこで功利主義は、徹底した「平等」観にも裏づけられるようになったわけです。こうした民主主義と平等主義の視点を持つ功利主義は、現代においても理想の考え方のように思います。

資料①のように、その見捨てられた患者が自分の子どもだったりしたら、そう簡単には納得できないという気持ちも分かりますが、仕方がないと思う人も多いでしょう。

④物事の本質を考える

しかし実はこの功利主義には問題もあります。たとえば次のような場合はどうでしょうか。

資料❷

目の前の池で2人の人物が溺れている。

1人は、現在無職である私の父で、もう1人は世界中にファンがいて、私も大好きな国民的漫画家だった。

浮き輪は1つしかなく、どちらか1人しか助けられない状況だ。

私は、世界中でたくさんの人を楽しませている作品を描いている漫画家の方に浮き輪を投げた。


非常に極端ではありますが、功利主義の問題点を考えてもらうために設定しました。

このような問題については テーマ2 でも少し触れましたが、すべての人を差別しないという徹底した平等観は、家族や友人、過去に恩を受けた人なども、まったくの赤の他人と同じ存在としてあつかうということになります。自分の行為の是非は、社会全体の幸福感の大小で決まるとするならば、この場合は国民的漫画家を助けることが「正解」となります。

しかし、おそらく多くの人にとって、この選択は決して許容できるものではないでしょう。すべての人を「平等」にあつかうというのは、一見誰も反論できないことのようですが、こうして突きつけられると、誰もが戸惑うことになります。

そもそも「幸福の総量」と言いますが、何が「幸福」かは、人によって、または状況によって異なります。それを一定に測ることができないというのは、昔から功利主義に向けられてきた批判です。

そして功利主義の最大の問題と私が考えるのは、今の社会が直面している問題は**「少数派をいかに救うか」**ということにある点です。

先ほども述べたように、もともと功利主義というのは、王様や貴族といった少数派に苦しめられている民衆という多数派をいかに救うかというところから出てきた考えです。こうした状況では、「最大多数の最大幸福」を唱えることにはとても意味がありました。

ところが日本を含めた現代の自由民主主義とされる国々で直面している課題は、多数派を救うことではなく、歴史的や経済的に抑圧されている少数派の人をいかに救うかにあるのです。

たとえば人種的少数派が分かりやすいでしょう。アメリカにおける黒人やアジア系の人々に対する差別問題、ヨーロッパ諸国における移民の問題があります。また性的マイノリティであるLGBTの人々、障碍《しょうがい》者などもこの少数派です。

多数派を支配する少数派を糾弾する際には、功利主義は有効な手立てを提供してくれました。しかし、多数派が虐げている少数派を擁護するか否かが問題である時には、「最大多数」を説く功利主義は、明確な答えを出せないのです。

今回のコロナ禍をこの点から考えてみましょう。新型コロナウイルスは、高齢者を重篤化するものです。日本で80歳以上の人の人口割合は、総務省統計局が出しているデータですと9・2％（2020年9月現在）で過去最高の割合です。日本社会は高齢化が問題であると指摘されていますが、高齢者は1割もいないということになります。

先ほども今回の新型コロナ禍におけるトリアージの問題を指摘しました。コロナ禍は、すべての国民に何らかの自粛や我慢を強いていますが、ワクチン接種は重症化しやすい高齢者からの優先接種となっています。

しかしこの状態は、問題を明確化させるためにあえて端的に言えば、1割に満たない少数派の人の幸せのために、9割の国民が不幸になっていると見ることもできるわけです。これは「最大多数の最大幸福」を掲げる功利主義的からすれば間違いとなります。

では、私たちは「高齢者を優先するのは不公平だ！」と思っているでしょうか。多くの人は、高齢者の優先接種はやむを得ないと考えているでしょう。

また、日本では貧困者を救うために国民の税金を生活保護などにあてるという施策がとられていますが、これについて次のような考え方をする人について、みなさんはどう思うでしょうか。

2021年8月に、作家やユーチューバーとして活躍している人が、動画投稿サイトの自身のチャンネルで、ホームレスの人について次のように発言しました。

「自分にとって必要のない命は僕にとって軽いんで。だからホームレスの命はどうでもいい。いない方が良くない？　邪魔だしさ、プラスになんないしさ、臭いしさ、治安悪くなるしさ。もともと人間は自分たちの群れにそぐわない、群れ全体の利益にそぐわない人間

「最大多数の最大幸福」の課題

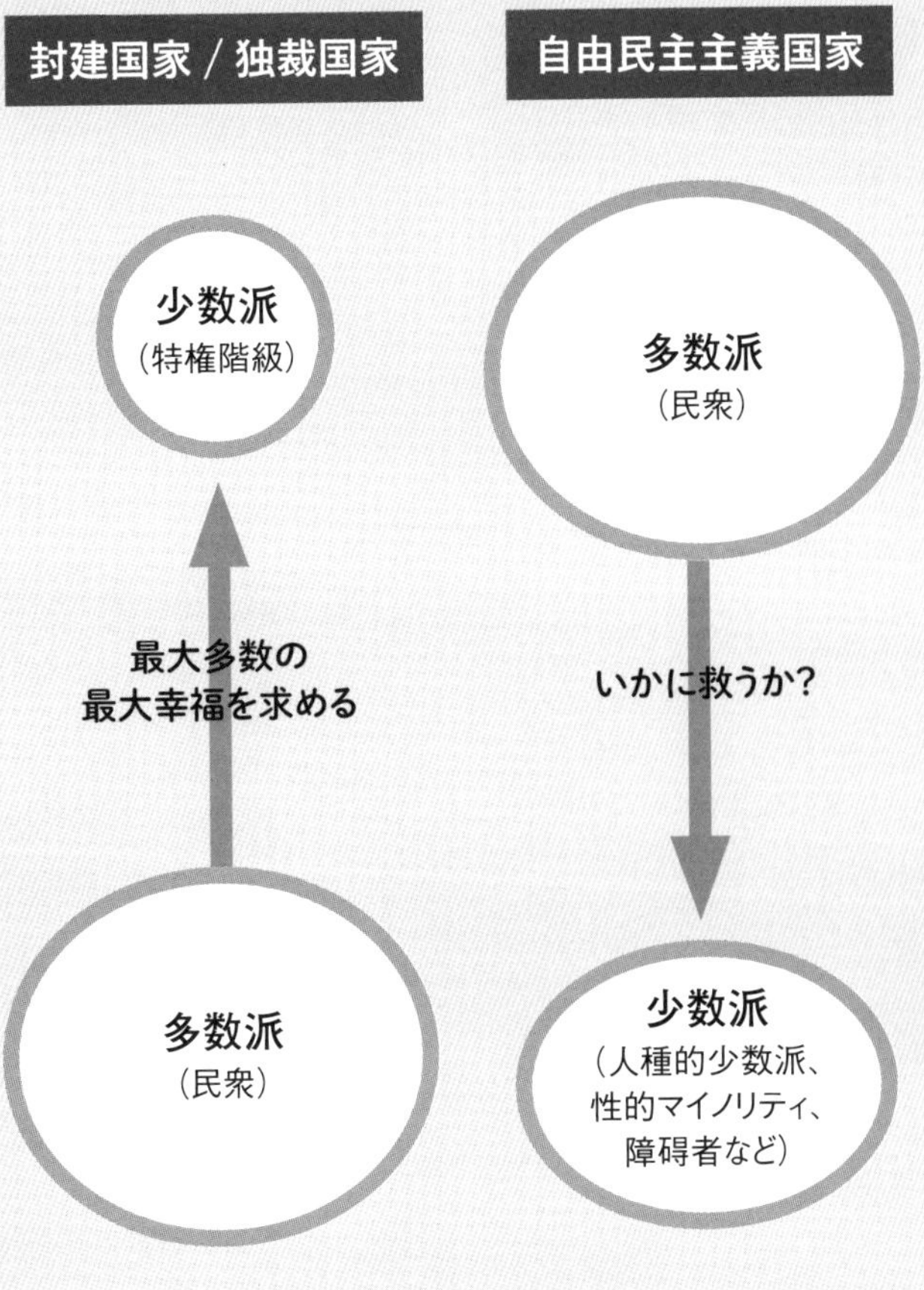

を処刑して生きている。犯罪者を殺すのだって同じ」

また、生活保護受給者に対しても、次のように述べました。

「生活保護の人に食わせる金があるんだったら猫を救ってほしい」

「生活保護の人が生きてても僕は別に得しない。猫は生きてれば僕は癒やされる」

この一連の発言については、配信直後から、**「優生思想に直結する」「差別と攻撃をあおる」**などと批判が殺到しました。

しかし、彼はそういった批判に対して、ツイッターで次のようにコメントし、当初考えを変えませんでした。

「そんなに助けてあげたいなら、自分で身銭切って寄付でもしたらいいんじゃない？　国がそういう人のために、みんなの給料から毎月３万円徴収しますって言い始めたら、皆さん賛成するんですかね？」（現在は削除済み）

このツイッターの後、厚生労働省は公式ツイッターで、次のようにツイートしました。

「生活保護の申請は国民の権利です。生活保護を必要とする可能性はどなたにもあるものですので、ためらわずにご相談ください」

結局、発言者はこうした一連の発言について謝罪しました。

「優生思想」とは命に優劣をつけて選別する考え方です。これは「人類の遺伝的素質を改善することを目的とし、悪質の遺伝形質を淘汰し、優良なものを保存することを研究する学問」（『広辞苑　第六版』）である**「優生学」**にもとづく思想です。「優生学」は20世紀初頭に欧米諸国で盛んになり、ドイツではナチス政権が障碍のある人に対し「断種法」にもとづく強制的な不妊手術や、「T4作戦」と呼ばれる精神障碍者や身体障碍者に対する強制的な安楽死政策を行っていました。

日本でも、戦後の極度の貧困の中で起こったベビー・ブームに対して、当時日本を占領統治していたGHQ（連合国軍総司令部）が産児制限を仕向け、また、1948年には**優生保護法**（1996年に母体保護法に改正）がつくられ、障碍者の強制不妊手術が行われたりしました。

2016年には神奈川県相模原市の知的障害者施設で、20代男性の元職員が入所者19人を殺害する大量殺傷事件が起こりました。犯人は犯行動機について、「意思疎通のとれない障害者は安楽死させるべきだ」「重度・重複障害者を養うには莫大なお金と時間が奪われる」などと述べていました。また、犯行前には、衆議院議長宛に、「私の目標は重度重複障害者の方が家庭内での生活、及び社会活動が極めて困難な場合、保護者の同意を得て安楽死できる世界です」といった内容の手紙を書いていました。

「多くの人が幸せになる」「みんなを平等にあつかう」という題目は、一見誰もが異論をはさめないはっきりした正解のように思いますが、現代では少数者への配慮が欠かせません。特に**命の問題**については、拙速に答えを出すことを避け、考え続けなければならないのです。

テーマ6

個人と国家の適切な関係とは?

資料①

中国が香港で反体制的な言動を取り締まる「国家安全法制」の導入を決定したことについて、人気俳優のジャッキー・チェンさんら2千人を超える香港の芸能関係者が、31日までに連名で支持を表明した。

新たな法制が施行されると、表現や言論の自由が圧迫される可能性も指摘されているが、声明は「国家の安全を守る重要性は十分に理解できる」としている。

ジャッキー・チェンさんは中国の国政諮問機関、全国政治協商会議の委員を務めるなど中国との関係も深く、署名リストの先頭に名前がある。

署名が呼びかけられた経緯は不明で、チェンさんらのコメントも伝わっていない。香港の芸能界にとって中国本土は重要な市場で、ネット上では「支持を表明しなければ、

「中国で活動ができなくなるのだろう」と背景を推し量る書き込みが出ている。

［朝日新聞デジタル2020年5月31日配信］

①自分の考えをチェックする

香港が生んだ世界的なアクション俳優のジャッキー・チェンさんが登場する資料❶ですが、読んでどう思われたでしょうか？

・香港への裏切り
・中国での仕事がなくならないための保身
・混乱を終息させるための大人の意見　など

今の若い人たちには韓流スターが大人気ですが、私の若いころは香港の映画スターが人気でした。特にジャッキー・チェンさんは別格で、日本にもたくさんのファンがいました。

この資料の背景を簡単に説明しましょう。

香港は１８４２年のアヘン戦争後、１５０年以上にわたってイギリスの植民地でした。１９９７年に中国に返還されましたが、返還から50年は「外交と国防問題以外では高い自治性を維持する」こととなりました。そうした「一国二制度」のもと、香港は香港特別行政区として独自の法制度を持ち、表現の自由などの権利も保障されていました。中国で1989年6月4日に起こった天安門事件の追悼集会も香港ではできました。

しかし、近年、中国が経済力を背景に国際的に強い影響力を持つようになると、中国共産党政府は次第に香港の自治への介入を強めました。2014年には香港行政長官選挙への民主派の立候補者を実質的に排除する選挙方法を、中国政府が決定しました。これに対して香港の数万人の学生・市民が抗議する「雨傘運動」というデモが起こり、一時、繁華街を占拠しました。

2019年には香港政府が進める「逃亡犯条例」改正案（香港とは犯罪人引き渡しについて協定を締結していない中国本土などとも、容疑者の身柄引き渡し要求をできるようにする）に反対するデモが発生しました。デモは次第に激化し、最大で約200万人が参加する大規模なものになり、警察とも衝突、多数の死傷者まで出す事態となりました。

こうしたデモを取り締まるために香港政府が制定しようとしたのが香港版国家安全法でした。だから、この法律制定を支持したジャッキー・チェンさんは多くの香港市民から批判されたのです。

②自分の考えと異なる立場から見てみる

この問題について、国家安全法制定に反対する民主派団体「デモシスト」の設立メンバーである周庭（アグネス・チョウ）さんは、ツイッターに日本語で次のように発信しました。

親中派の俳優ジャッキー・チェンが国家安全法を支持することを表明しました。親中だから、ジャッキー・チェンは香港の若者の間では非常に人気が低いです。中国に反対すると中国の仕事が全部なくなるので、ほとんどの香港の芸能人は中国寄りの姿勢を表明しないといけないです。

［Agnes Chow 周庭　@chowtingagnes　2020年5月31日］

私たち日本人には、銀幕の中で大活躍するチェンさんの姿が目に焼きついているので、「香港の若者の間では非常に人気が低い」と聞かされると驚くと思います。そして、こうしたチェンさんの態度に失望した人も多いかもしれません。

しかし問題の本質は、ジャッキー・チェンという個人の内面の問題だけではないことは明らかでしょう。

たとえば、中国ネット通販大手・アリババ集団の創業者である馬雲（ジャック・マー）氏が、２０２０年10月から3か月ほど行方が分からなかったことがありました。いまだに真相ははっきりしていませんが、中国の、特に経済システムについて批判的な発言をしたマー氏を、中国当局が拘束していたのではないかと伝えられています。

また、先ほど紹介したアグネスさんもその後、当局に逮捕、収監されました。

そう考えますと、チェンさんが香港の国家安全法に反対ということを公言した場合、身が危うくなることは確実です。自分だけならまだしも、家族も危険にさらされるかもしれません。70歳近くになるチェンさんですが、まだまだ現役で映画を作っており、スタントも自分でこなしています。人生の多くを映画作りに費やし、おそらくまだまだ撮りたいものがたくさんあるでしょう。にもかかわらず、国家安全法に賛成しなければ活動できなくなるおそれがあったとしたなら、これはもう選択の余地はないとも言えます。

一方で、香港政府は２０２１年６月に国家の安全に危害を加える行為を促進・美化する映画を上映禁止にする検閲基準を導入しました。さらには「国家の安全を守る」ためとして新たな映画検閲法が制定され、違反した場合には映画のライセンスの取り消しや禁錮、罰金刑が科されることになります。香港で表現の自由がさらに制限されることになり、かつて一時代を築いた香港の映画産業の衰退は避けられないでしょう。**表現者が体制側の規制を支持し、その結果、表現の自由が制限される事態を招いてしまった**ことになります。

こうした状況に対して、チェンさんら香港の芸能関係者は何を思うのでしょうか。チェンさんの態度については賛否あると思いますが、こうした背景は知っておくべきでしょう。

③あらためて自分の考えを見直してみる

したがって、こうした問題をきちんと考えるには、やはり中国という国家そのものを考えなければなりません。

そのためには、やはり情報や基礎的な知識がある程度必要になります。ですので、私の方でそれらについても説明しながら思考を進めていきましょう。

近年は香港だけではなく新疆《しんきょう》ウイグル自治区における深刻な人権侵害についても、中国は世界的に非難されています。中国政府がウイグルの人々に対して大規模な監視や拘束、思想教育、さらには強制不妊を行っているのではないかという問題です。

２０２１年６月に開かれた国連人権理事会は、「新疆ウイグル自治区で１００万人以上が恣意《しい》的に拘束されている」と指摘する共同声明を発表しました。そこにはアメリカやカナダ、そして日本など40か国以上が名を連ね、国連人権高等弁務官の早急な現地入りと調査を認めるよう、中国に求めました。

こうした人権問題を抱える中国といかにつき合うかということは、日本が何を国家の基軸にしているかが問われます。つまり日本が本当に基本的人権を尊重し、自由を保障する国家であるか否かが試されているのです。民主主義と資本主義という現在の世界における普遍的価値ともいうべきものを共有している国かどうか、世界から見られているのです。

ここで政治体制と経済体制について、基本的なことをざっとおさらいしておきましょう。

民主主義とは、国民が国の主権の担い手であり、自分たちの手で、自分たちのために政治を運営していく政治体制のことで、国民主権・基本的人権・法の支配・権力の分立などが重要とされます。現代では政治体制だけではなく、広く一般に人間の自由と平等を尊重する立場のことも言います。

民主主義国家は経済体制として**資本主義**を採用しています。資本主義とは、個人や企業が利益を追求する自由競争のもとで、社会全体の利益も増大する体制です。個人や会社が自由に利益を追求し切磋琢磨《せっさたくま》することによって、より良い商品やサービスが生まれ、社会全体の利益や幸福が大きくなっていくという考えです。資本主義では個人が資本を持つこともできます。

一方、**社会主義**では、主権は国にあります。政府が計画的に、自分たちの考える理想の国家に向かって国民を強制的に誘導していくという政治体制です。そのため経済活動においても、資本や財産は国が一元的に管理し、計画的な生産と平等な分配を行います。

このように聞くと、まったく知らない人にとっては、個人の自由が国に管理されるような政治体制がなぜ生まれるのか不思議に思うかもしれません。しかし、そもそも社会主義の考えが生まれたのは、資本主義が行き詰まりを見せていたことがきっかけでした。資本主義では、民主主義の理念である自由を基軸とします。したがって、個人も会社も自由に経済活動を行い、それぞれの利益を追求します。政府の態度は、税徴収というかたちでは関与しますが、できるだけその活動を邪魔しないということが原則となります。

すると利益を上げられる人とそうではない人との間に貧富の差が生まれるようになったのです。富める者はどんどん豊かになり、貧しいものは貧困に喘《あえ》ぐようになります。そこで、こうしたあり方は健全ではないとして、資本や財産をみんなで共有する平等な社会体制が目指されることになったのです。これが社会主義です。

資本をすべて国が管理すると言うと嫌な感じがしますが、国に存在するあらゆるものは、国民全員で共有するというのが、基本的理念です。したがって、そこで生み出されたものもみんなのものですので、不公平がないようにすべて平等に分配するという考えです。

このように聞くと、これこそが理想郷のように一見思えます。しかし、残念ながらそのようにうまくいかないことは、1991年のソビエト連邦の瓦解《がかい》で証明されました。

その理由は、ドイツの社会学者・経済学者のマックス・ウェーバーが、いち早く指摘していました。彼の社会主義批判の講演を収録した『社会主義』で読むことができます。端的に言うと、**社会主義は官僚制の腐敗が避けられず、人も体制も停滞させていく**からです。働いても働かなくてももらえるお金が同じならば、誰も意欲的に労働に向き合うことはありません。創意工夫がなくなり、国全体が発展していくことはありません。

また、「すべての資本は国民全員のもの」ということは、結局のところ「資本は国のもの」

資本主義経済と社会主義経済のイメージ

資本主義経済（市場経済）

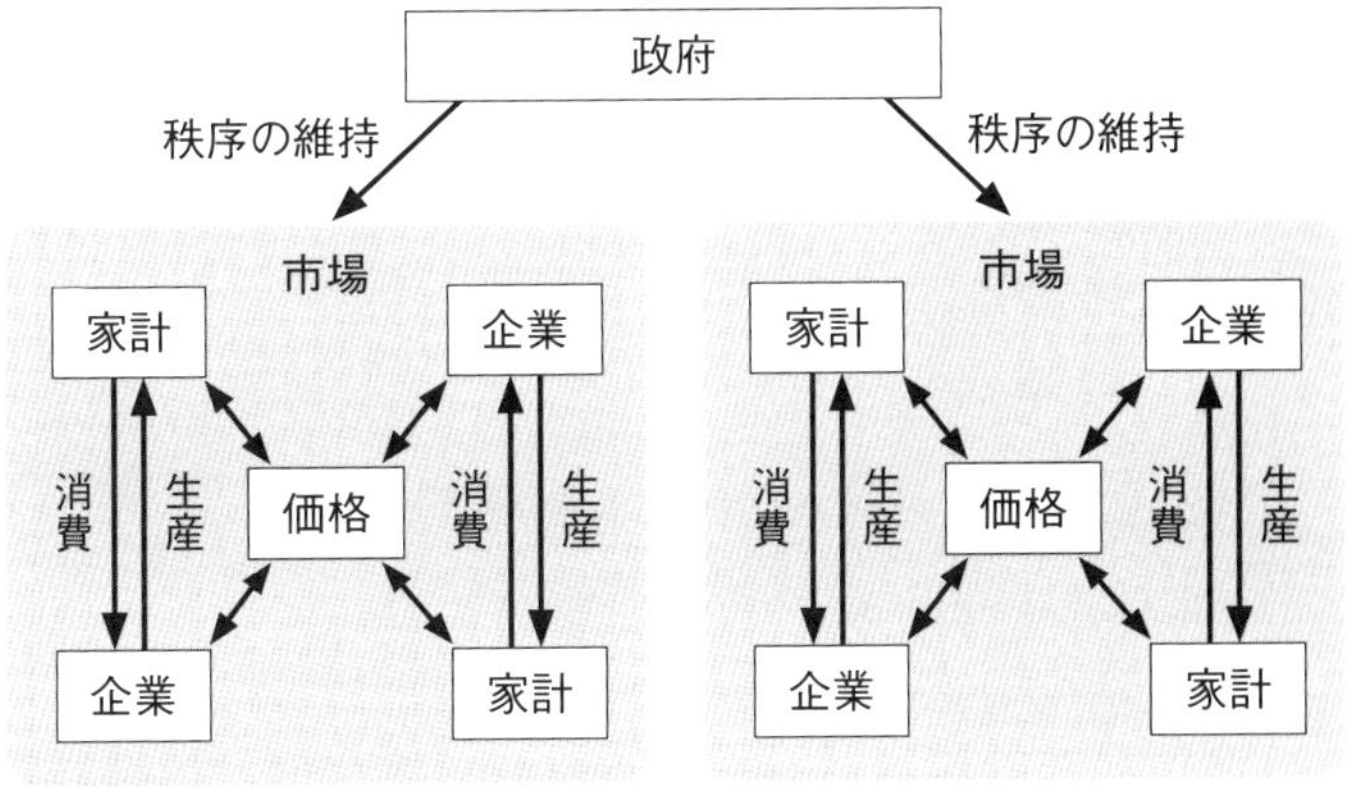

社会主義経済

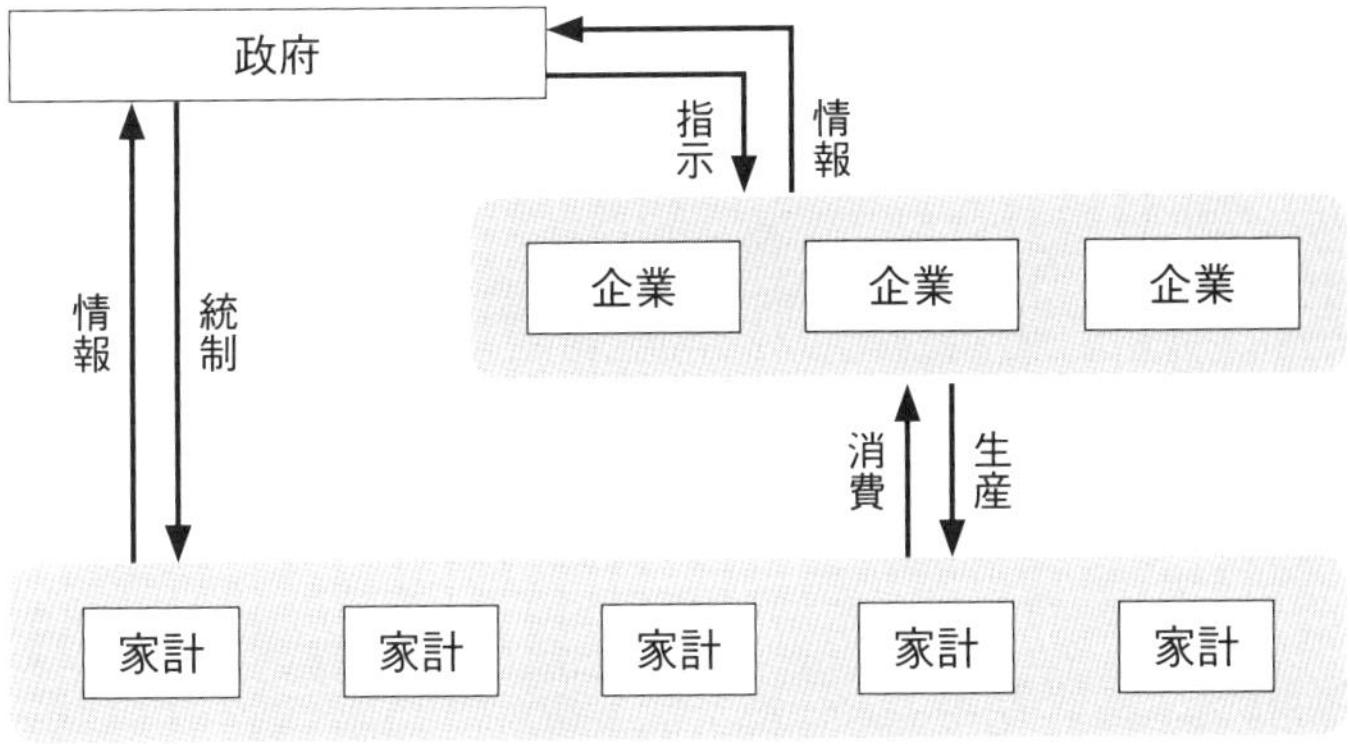

ということで、結局、誰がどれくらいの資本や財産を持つかを決めるのは、すべて国ということになります。資本の平等を目指したこの体制は、結果的に、作為的な経済的不平等を生み出すことにしかなりませんでした。

そして香港や新疆ウイグル自治区の問題で揺れる中国は、国民1人ひとりを平等にあつかうという理念のもとに始まった社会主義が、**国家のために個人の人権をいかに軽んじることになるか**を証明してしまっているということになります。

今回のテーマでお伝えしたいことは、今を知るためには、過去からの流れを見なければならないということです。つまり20世紀の歴史を勉強することで初めて21世紀を理解することができるのです。香港問題も、今起きている現象だけをいくら詳細に検証しても、残念ながら真実に到達することはありません。

香港問題はもう大勢は決したかもしれませんが、これが拡大すると今度は必ず台湾の問題になります。もし中国が台湾を支配することにでもなれば、日本にとって中国は今以上に脅威となるでしょう。次に狙われるのは尖閣諸島や沖縄であることは明白です。その際に、日本はどうすべきか、シミュレーションしておかなければなりません。

2021年8月にはアフガニスタンで、駐留していた米軍が撤退を始めたら、あっという間に武装勢力タリバンが全土へ侵攻し、政権が倒されてしまいました。再びイスラム過激派による恐怖政治が始まることを恐れるアフガニスタン国民は、国外へ脱出しています。このように平穏な日常がある日突然失われることがあるのです。

日本も戦後、アメリカの「核の傘」のもとに入り、在日米軍に平和を守ってもらっていました。しかし、米軍がいつまでも日本を守ってくれるという保証はありません。香港の問題は対岸の火事ではありません。もし、日本の平和が脅かされる事態が起こった時、あなたならどうしますか？

ジャッキーチェンさんように振る舞うでしょうか？

それとも、周庭さんのように振る舞うでしょうか？

私たちはこうした他国の出来事を、他人事ではなく、「明日は我が身」と考え、もしその時、自分はどうするか、考え続けていかなければなりません。この問題は、机上の空論や思考の訓練というだけではなくて、現実とも確実につながっているリアルな問題であると認識しておくべきです。

④物事の本質を考える

ただし、単純に民主主義・資本主義は善で正しく、社会主義は悪で間違っていると決めつけてしまうのは思考停止ということになります。

もちろん、中国当局による香港や新疆ウイグル自治区での人権侵害の問題は断固として追及されるべきですが、一方で、実は近年、**民主主義・資本主義の限界がささやかれ、社会主義が見直されている傾向がある**のです。

その1つが、世界中で広がる**格差問題**です。2014年に刊行されたフランスの経済学者、トマ・ピケティ博士による『21世紀の資本』が、世界的なベストセラーになりました。

世界的に格差が拡大していることを膨大なデータをもとに証明した内容が素晴らしかったことは確かですが、それだけでは、ここまでの話題になることはなかったでしょう。明るい未来をもたらすと考えていた民主主義と資本主義が、私たちの生活を苦しくしているのではないか。そういう疑念が多くの国の人々に広まっているという現実が、この本をベストセラーにしたのだと思います。

先ほども述べたように、もともと社会主義の考えが生まれたのは、資本主義による弊害が明らかになってきたことがきっかけでした。ただし資本主義側でも、自由や平等を理念として掲げる民主主義によって、それを是正していくことができると思っていました。ところがピケティ博士が証明したのは、資本主義が続けば続くほど、その格差は増大していくという歴史的トレンドでした。

貧しいものはより貧しく、お金持ちはよりお金持ちになっていく傾向は、一世代で終わることはなく、むしろ世代が進めば進むほど拡大していくというのです。貧しい家に生まれた子どもが、お金持ちに生まれた子どもよりも、多くの人生の機会を得ることができない社会であるならば、それは是正されなければなりません。

自由と平等の両方を理念として掲げながら、民主主義・資本主義という体制は、自由があまりに肥大化し、平等がないがしろにされる体制ではないかと疑念が広がっているのです。

またその自由ですら、民主主義国家はしっかりと守ることができていないのではという疑念も、実はあります。アメリカの政治学者パトリック・デニーン教授は、『リベラリズムはなぜ失敗したのか』という著作の中で、「ヨーロッパでもアメリカでも現代のリベラルな国家が、これまで以上に権力と活動を中央権力に付与して国家主義を強めている」と指摘しています。

この根底には、デニーン教授が指摘するところの「個人主義と国家主義は手をつないで発展する」ということがあります。

私たちは簡単に**「個人」**と**「国家」**を対立関係で考えてしまいます。ところが個人が自由に振る舞うためには、法、ならびにそれを制定する国家機構が必要です。そもそも近代国家が設立されたのは、それまでの封建国家では人々が「個人の自由が阻害されている」と感じていたからです。その自由を制限していたのは、伝統的な社会の慣習や習慣でした。「村社会の掟《おきて》」のようなものですね。

それらを断ち切るには、強い国家による統治が必要だったのです。私たちが自由を謳歌できるようになったのは、しっかりとした法が制定された「制度としての国家」のおかげでした。

したがって、一般的に言われるような「個人」と「国家」の宿命の争いというものは存在せず、個人の自由と近代的国家とは、伝統的イデオロギーや専制的な支配に立ち向かうための運命共同体だったと考えられるわけです。

しかし、ここで問題が出てきます。「伝統的な社会」というしがらみから離脱し、獲得した個人の自由を維持するためには、自ら創出した国家をさらに強化していかなければならないのです。個人主義を求めるがゆえに国家主義になっていくという一見矛盾するような流れはこうして生み出されます。

このように国家による監視や法的規制、警察力、行政統制の広範におよぶ権力が、個人の自由の追求を目的として巨大になっていく傾向があります。こうした現状に危機感をいだき、民主主義は管理社会を生み出すだけだとして、警鐘が鳴らされているのです。

もちろんトマ・ピケティ、ならびにパトリック・デニーンによって提示されたものは、1つのとらえ方に過ぎず、それぞれ反論も多くあります。

しかし重要なのは、世界的スタンダードとされ、人類の普遍的価値とも考えられている民主主義・資本主義ですら絶対的なものではないということです。逆の意味で、社会主義、ならびに共産主義も、完全に終わった思想とは決して言えないのです。

おわりに――モヤモヤ耐性をつける

第2部では、6つのテーマについて「思考のフォーム」を使って考えてみましたが、いかがだったでしょうか。

みなさんの中には、もしかしたら不満を感じた人もいるかもしれません。

「スッキリした結論にたどりつかず、問題が解決していない」

「むしろ考えれば考えるほど、モヤモヤが増してしまう」

しかし、実はそれでいいのです。本書の目的は、解決力ではなく**「思考の持久力」**を高めることです。したがって、いかに考え続けられるかが重要であり、むしろモヤモヤを抱き続けることが目標だからです。

そもそも**世の中は答えのない問題だらけ**です。学校のテストや受験問題のようにあらかじめ明確な答えがあるわけではありません。私たちは問題を目の前にした時に、どうしても分かりやすい1つの答えに飛びつきたくなってしまいます。

しかしそこをグッとこらえて、このモヤモヤをそのまま抱えていくことが大切なのです。

本書の目的は、提示された問題に1つの正解を出すことではなく、考え続けるために、自分の考えとは異なる立場に立って、どのような問題の全体像ならびに本質があるのかを見極めることでした。ですので、第2部で示した6つのテーマであつかった資料も、あえてすぐには答えの出ないものを選びました。

私たちが学校教育で学んできたような、求められる答えを素早く答える能力ももちろん大切です。しかし現代社会では、むしろすぐには答えのない問題をいかに考え続けていくのかが重要です。それには**「思考の持久力」**が必要になります。

ジョギングをする時に、走り始めにしんどさを感じるのと同じで、考え続けるにあたってはこのモヤモヤに耐える力、いわば**「モヤモヤ耐性」**とも言うべきものが欠かせないのです。

それでも、「必死に考えたのに何も得るものはないのか」と失望する人もいるでしょう。

しかし、そんなことはありません。なぜなら、**「思考の持久力」**によって、私たちは**「泣く女」**を手に入れることができるからです。

「泣く女」とは、ピカソの絵のことです。ピカソの「泣く女」は、1人の女性の顔が描かれたものですが、普通の顔には見えません。

2つの目がどちらも正面を向いているにもかかわらず、鼻と口は完全に真横を向いています。それは1つの視点ではなく、複数の視点から見た顔が、1つの顔として収まっているからです。

もともとこれはセザンヌが静物画を描く時に始めたものです。一見普通の絵として見えますが、実は複数の異なる視点が入り込んでいて、違和感を演出しています。一見分からないように試みられているので、「何か分からないけどこの絵、少し変わっているな」という印象を見る者に与えます。それをキュビズムという形でピカソがより発展させたわけです。そうして、多くの異なる視点を1つの絵に含ませるということで、こっちから見た顔と、あっちから見た顔を交ぜた顔が描かれているというわけです。

もちろん、人の顔ですから、1つの視点で描いた方が落ち着いて、見る者もすっきりします。「泣く女」を見た人は、とにかくモヤモヤしたものが残るでしょう。しかし実際、人の顔というのは、1人の人を1つの視点からのみでずっと見続けられるということはありません。多くの人による多くの視点にさらされるのが私たちです。したがって実は、1

つの視点ではなく、複数の視点から描いた方が、本質に近いとも言えるわけです。

本書で目指しているものも、これです。1つの視点から描いている肖像画のようにすっきりすることはありません。考えれば考えるほど、視点が増えていき、モヤモヤが増します。でも「泣く女」が傑作であるように、そのモヤモヤは色彩がにじんだような、論点がぼやけたものにはなりません。それぞれの視点から見るそれぞれの風景はクリアであり、それがしっかりと共存している様は、本当に美しいものです。頭の中に「泣く女」を手に入れることこそが、**「思考の持久力」**にとって必要なことなのです。

そして実はこうした状況の方が、現実的には真実に近いのです。

現代は、**「多様性の時代」**です。世の中に存在するさまざまな価値観が共存することが推奨されている時代です。

思い返せば、約150年前に日本は江戸から明治に時代が変わり、この時から日本は近代化の道を歩み始めました。近代化とは、江戸時代以前の個人、家庭、地域ごとにもつ多様で雑多な文化が、科学と技術に裏づけられた西洋の文化にとって代わっていく過程ともいえます。西欧諸国を基準とする唯一の「正しさ」に向かって、これまでの多種多様なものが選別・収斂されていくことが近代化だったわけです。これは日本だけではなく、多くの国で同じような道をたどりました。

そういう近代化の過程を経て、現代は再びさまざまな価値観を認める社会になろうとしています。ただし近代以前と少し違うのは、単に多種多様の文化がバラバラに存在しているのではなく、根本的に異なる位相の世界が、同じ空間、同じ時間を共有していると考えられています。これを「**マルチプル・リアリティ**（multiple realities）」と言います。日本語では「多元的現実」と訳されます。哲学者のアルフレッド・シュッツが『現象学的社会学』の中で提唱したことです。

たとえばスペインの作家セルバンテスの小説『ドン・キホーテ』では、騎士道小説を読みふけり、妄想にとらわれた主人公ドン・キホーテが、老馬ロシナンテにまたがり、従者サンチョ・パンサを従えて騎士修業の旅に出ます。

物語では理想主義的なドン・キホーテが見ている現実と、一般の人が見ている現実は異なっています。有名なドン・キホーテが風車に突撃する場面がありますが、マルチプル・リアリティで考えると、ドン・キホーテが風車を巨人と間違えて突撃したわけではなく、本当に風車が巨人に見えていたと考えるのです。

このように、「どちらかがウソをついている」「どちらかが妄想を抱いている」とは考えず、どちらも現実だと考えます。見え方が違うのは、一見同じ空間であるように見えて、本当は異なる位相に生きているという考え方です。

宗教で考えると分かりやすいかもしれません。世界中に多種多様な宗教があり、多くの人たちがそれぞれの神様を信仰しています。キリスト教信者と仏教徒、イスラム教徒はそれぞれ異なった世界を生きており、もちろん無宗教の人とも違います。同一の空間と時間を共有しているので分かりづらいですが、実は異なる位相の世界を生きている。これも「マルチプル・リアリティ」の考え方です。ある神を信じる人にとっては、その神が支配している世界こそが、目の前に広がっているまぎれもない現実です。

つまり今の世界は、単に多種多様な価値観を許容し合うというレベルではなくて、根源的に異なる世界の人たちが、同時代的に、同空間的に生きていると考えるところまで来ているのです。

そうした世界を受け入れ、生き抜くために必要なのは、「泣く女」に象徴される見方です。**つねに多数の視点をあわせもつ思考**を手に入れるしかありません。そして考え続けるために必要なのが「**思考の持久力**」なのです。まずは、本書をきっかけに「**思考の持久力**」をつけるための第一歩を踏み出していただき、さまざまな問題について考え続ける習慣が身につくようになりましたら著者としては幸いです。

この本が形になるに当たっては、扶桑社の山下徹さん、そして水野雄司さんに大変お世話になりました。ありがとうございました。

２０２１年９月

齋藤 孝

主な参考資料

●齋藤孝著『現代語訳　論語』ちくま新書、2010年
●齋藤孝著『大人の道徳』扶桑社新書、2018年
●齋藤孝著『思考中毒になる！』幻冬舎新書、2020年
●齋藤孝著『本当に頭がいい人の思考習慣100』宝島社、2021年
●齋藤孝著『難しい本をどう読むか』草思社、2021年
●石牟礼道子著『苦海浄土――わが水俣病』講談社文庫、1972年
●垣内景子著『朱子学入門』ミネルヴァ書房、2015年
●水野雄司著「防災としての倫理観の考察――『寛容』の検討より」『倫理研究所紀要』第30号、2021年
●宮沢賢治著『新編 銀河鉄道の夜』新潮文庫、1989年
●森本あんり著『不寛容論　アメリカが生んだ「共存」の哲学』新潮選書、2020年
●山崎達枝著『災害現場でのトリアージと応急処置 第2版』日本看護協会出版会、2009年
●マックス・ウェーバー著、濱島朗訳『社会主義』講談社学術文庫、1980年
●ジェニファー・エバーハート著、山岡希美訳『無意識のバイアス 人はなぜ人種差別をするのか』明石書店、2020年
●W・キムリッカ著、千葉眞・岡﨑晴輝訳『新版 現代政治理論』日本経済評論社、2005年

●サム・サマーズ著、江口泰子訳
『考えてるつもり――「状況」に流されまくる人たちの心理学』ダイヤモンド社、2013年
●アルフレッド・シュッツ著、森川眞規雄・浜日出夫訳『現象学的社会学』紀伊國屋書店、1980年
●パトリック・デニーン著、角敦子訳『リベラリズムはなぜ失敗したのか』原書房、2019年
●ドストエフスキー著、工藤精一郎訳『罪と罰』(上・下)新潮文庫、1987年
●アイザィア・バーリン著、小川晃一ほか訳『自由論』みすず書房、1971年
●ジョナサン・ハイト著、高橋洋訳
『社会はなぜ左と右にわかれるのか――対立を超えるための道徳心理学』紀伊國屋書店、2014年
●トマ・ピケティ著、山形浩生・守岡桜・森本正史訳『21世紀の資本』みすず書房、2014年
●フィッツジェラルド著、渥美昭夫・井上謙治編訳『フィッツジェラルド作品集3 崩壊』荒地出版社、1981年
●ドナルド・E・ブラウン著、鈴木光太郎・中村潔訳
『ヒューマン・ユニヴァーサルズ 文化相対主義から普遍性の認識へ』新曜社、2002年
●ヴィクトール・E・フランクル著、霜山徳爾訳『夜と霧』みすず書房、1961年
●トマス・ホッブズ著、水田洋訳『リヴァイアサン』岩波文庫、1954年

齋藤 孝（さいとう・たかし）
明治大学文学部教授。昭和35（1960）年静岡県生まれ。東京大学法学部卒業。同大大学院教育学研究科博士課程等を経て現職。専門は教育学、身体論、コミュニケーション論。著書に『身体感覚を取り戻す』（NHKブックス）、『声に出して読みたい日本語』（草思社）、『マンガで身につく大人の語彙力』（扶桑社）、『大人の道徳』（扶桑社新書）、『大人のための道徳教科書』（育鵬社）、訳書に『現代語訳 論語』（ちくま新書）など多数。

編集協力　水野雄司
装丁・DTP　有限会社ステンスキ
イラスト　中根ゆたか

思考の持久力

発行日　2021年10月15日　初版第1刷発行

著　　者　齋藤 孝
発 行 者　久保田榮一
発 行 所　株式会社 扶桑社
〒105-8070 東京都港区芝浦1-1-1 浜松町ビルディング
電話03-6368-8870（編集）
電話03-6368-8891（郵便室）
www.fusosha.co.jp

印刷・製本　株式会社加藤文明社

ISBN978-4-594-08882-8